后浪

讲谈社

诸子的精神

读墨子

[日] 浅野裕一 著

丁丁 译

北京联合出版公司

Beijing United Publishing Co.,Ltd.

学术文库版序

春秋末期，墨子创立了墨家学派，其巨大的影响力持续到战国末期，成为与儒家分庭抗礼的思想势力。

墨家的思想体系严整，理论极为尖锐明晰，在这一点上，同时代的儒家也无法与之相提并论。而且墨家团体有严密的组织，它不仅仅是一个学派，更具有独立的武装，有军事团体的色彩。但是，秦统一中国后不久便灭亡，随后刘邦建立了汉帝国，在这样动荡的时代中，实力强大的墨家团体也突然消失了踪影。此后两千年间，《墨子》几乎因无人解读而变成绝学。直到清末中国在鸦片战争中惨败，中国进入近代以来，《墨子》才突然重新获得了关注。

我在东北大学文学部学习时，对墨家团体的这一发展轨迹产生了强烈的兴趣。墨家学者究竟是怎样出现的，又是如何消失的？我非常渴望解决这些疑问。

因此，我进入研究生院后，选择了墨家思想作为硕士论文的主题。向导师金谷治教授汇报后，他提醒我，墨家思想虽然颇有研究价值，但也很有难度。我当时学养尚不成熟，为此很是苦恼。这方面的已有研究虽然很多，但都没有解决我的疑问。迷茫地反复摸索之后，我总算将自己的理解整合成了硕士论文。进入博士阶段后，我又将其中的一部分整理为几篇论文，发表在杂志上。

一九八七年，角川书店计划出版《中国古典鉴赏》（全二十四卷）系列图书。主编本田济先生嘱我负责撰写墨子部分。因此，我以硕士论文和当时已发表的论文为基础，试着阐述了自己理解中的墨家形象。我负责撰写的部分，被收入该系列的第三卷《孟子·墨子》，于一九八九年九月出版。但该系列此后并未再版，读者一直很难购买。

听我讲课的学生也反映，这本书总是买不到，所以这次就对《墨子》部分进行再版。当初限于篇幅而割舍的内容，这次也一并收录进来。因为我觉得，为了使读者充分理解《墨子》的整体结构，即使是摘录性的内容，也应收录为好。

如前所述，本书的内容缘起于我二十多年前的硕士论文。借这次再版的机会，我重读久违了的旧稿，它们勾起了我研究生时期的种种回忆，带我度过了一段怀旧的时光。此外，这次再版工作中，多得讲谈社学术文库的铃木一守先生的倾力相助，在此谨致谢忱。

一九九八年三月

浅野裕一

目　录

凡　例 ································· 1

第一章　尚贤上　　　　　　　1

改造愚人 ···························· 1

人才是国家之宝 ················· 10

第二章　尚同上　　　　　　　20

执政者是人民的榜样 ··········· 20

第三章　兼爱上　　　　　　　33

不牺牲他人以谋利 ·············· 33

爱人如爱己 ······················ 36

第四章　非攻上　　　　　　　43

侵略战争是国家的犯罪 ········· 43

第五章　非攻下　　　　　　　50

认识到侵略战争的惨状 ········· 50

第六章　节用上　　　　　　　61

节约资源，财富倍增 ··········· 61

第七章　节葬下　71

　　厚葬妨害生产 ·················71

第八章　天志上　88

　　上天憎恶犯罪和战争 ·················88

第九章　明鬼下　106

　　鬼神惩罚恶人 ·················106

第十章　非乐上　127

　　沉溺音乐是亡国之兆 ·················127

第十一章　非命上　148

　　唯勤能避祸 ·················148

第十二章　非儒下　168

　　伪善的孔子 ·················168

第十三章　经上、经说上　172

　　知，接也 ·················172

　　智，明也 ·················172

　　感知认识能够被记忆 ·················173

　　认识主体能够分析并综合 ·················173

第十四章　公　孟　176

儒家毁灭中国 ················176

第十五章　公　输　182

案头攻防 ················182

第十六章　号　令　192

墨守城池 ················192

墨家及《墨子》　204

墨家的诞生 ················204

墨家随后的发展 ················225

《墨子》文本 ················238

思想史意义 ················244

出版后记　254

凡　例

一、本书的结构安排为：首先以墨家的中心思想，即从尚贤到非命的十项主张（十论）开篇，随后摘录《非儒下》篇、《经上》篇、《经说上》篇、《公孟》篇、《公输》篇、《号令》篇。

二、每部分先列出译文[1]，其次是原文和注释，最后是解说。十论以外的篇目不注释。

---

[1] 译文中括号内的内容，是译者为使译文完整、通畅而增补的。本书注脚如无特殊说明则均为译者所注。

第一章　尚贤上

此为《墨子》十论之首，论述任用贤人的主张。尚贤论共有上、中、下三篇，此处将上篇分为前后两段，收录全文。

改造愚人

墨子说[1]：现在统治国家的王公大人，都希望国家富裕、人口增加、治安稳定。但是事实上，国家没有富裕反而贫穷，人口没有增加反而减少，治安未能稳定反而混乱。这正可谓失去了自己所期望的，反而得到了自己所憎恶的。其原因究竟是什么呢？

墨子说：其原因在于，统治国家的王公大人，不能用尊重贤人、任用能人的方针来管理国政。国内的贤人良士多了，国家的安定程度就高；贤人良士少了，国家的安定程度就低。所以执政者最主要的任务，就在于增加国内的贤人。

1　原文的"子墨子言曰"之后均无引号。从十论的内容看，也不易确定"子墨子曰"内容的起止位置，因此在十论的篇章中，"子墨子曰"之后都只用冒号，不用双引号。

有人问：那么，增加贤人的方法是什么呢？墨子说：打个比方来说吧，某国的统治者想要增加国内精通射箭和驾驭战车的战士，其方法是一样的，他一定要给这些战士高额的俸禄，让他们富裕，抬高他们的地位，尊重他们，赞誉他们。这样做了以后，国内精通射驭之术的战士才会增加。那些品行优秀、言辞敏捷、博通经世致用之术的贤人良士，就更是如此了。这样的人本来就是国家的珍宝、国政的辅佐，也一定要让他们富裕，抬高他们的地位，尊重他们，赞誉他们。这样做了以后，国家的贤良之士才会增加。

所以，古代的圣王统治国家时宣布说：不让不义之人富裕，不抬高不义之人的地位，不亲信不义之人，不接近不义之人。因此，国内的富贵之人听说了这话，都回到家中，互相商量说："我们当初所依赖的是富贵，但如今王上说要任用有义之人，不因贫贱而疏远人，那么我们今后也不能不践行义了。"国王的亲戚们听说了这话，也回到家中，互相商量说："我们当初所依赖的是和王上的血缘关系，但如今王上说要任用有义之人，不因关系的亲疏而疏远人，那么我们今后不能不践行义了。"国都的平民百姓们听说了这话，也回到家中，互相商量说："我们当初所依赖的是和王上同居于一城之中，但如今王上说要任用有义之人，不因距离的远近而疏远人，那么我们今后不能不践行义了。"远方的人们听说了这话，一样也回到家中，互相商量说："我们至今都因为远离王上，无所依赖，已经放弃了，但如今王上说要任用有义之人，不因距离的远近而疏远人，那么我们今后不能不践行义了。"以至于被派遣到远方边邑的臣子、群集于宫廷的官员庶子、国都内的平民、四方边境的乡下人，大家听说了君王的宣言，都开始竞相践行义。这其中的原因究竟是什么呢？

这是因为，执政者役使人民时，只遵循"义"这一种方针；人民想要得到执政者的任用，只能依靠"义"这一种手段。打个比方来说吧，一个有钱人建造一座高墙深宅时，围墙造好、墙体也粉刷完毕后，为了管理住宅，只在墙上开一个门。如果有盗贼闯入，只要把盗贼进入的这一个门关上，在住宅内抓捕，盗贼就无路可逃了。为什么会这样呢？原因正在于"抓住了关键"这一点啊。

【原文】

子墨子言曰：今者王公大人①为政于国家者，皆欲国家之富、人民之众、刑政②之治。然而不得富而得贫，不得众而得寡，不得治而得乱。则是本③失其所欲，得其所恶。是其故何也？子墨子言曰：是在王公大人为政于国家者，不能以尚贤事④能为政也。是故国有贤良之士众，则国家之治厚；贤良之士寡，则国家之治薄。故大人之务，将在于众贤而已。

曰：然则众贤之术，将奈何哉？子墨子言曰：譬若欲众其国之善射御⑤之士者，必将⑥富之贵之、敬之誉之，然后国之善射御之士，将可得而众也。况又有贤良之士，厚乎德行⑦，辩乎言谈，博乎道术⑧者乎！此固国家之珍⑨，而社稷⑩之佐也，亦必且富之贵之、敬之誉之，然后国之良士，亦将可得而众也。

是故古者圣王之为政也，言曰："不义不富，不义不贵，不义不亲，不义不近。"是以国之富贵人闻之，皆退而谋曰："始我所恃⑪者富贵也。今上举义不辟⑫贫贱，然则我不可不为义。"亲⑬者闻之，亦退而谋曰："始我所恃者亲也。今上举义不辟亲疏⑭，然则我不可不为义。"近者闻之，亦退而谋曰："始我所恃者近也。今上举义不辟远近⑮，然则我不可不为义。"远者闻之，亦退而谋曰："我始以远为无恃。今上举义不辟远近，然则我不可不为义。"逮至远鄙⑯郊外⑰之臣、门庭庶子⑱、国中之众⑲、四鄙之萌人⑳闻之，皆竞为义。是其故何也？曰：上之所以使下者一物㉑也；下之所以事上者一术㉒也。譬之，富者有高墙深宫，墙立既谨，止为凿一门㉓。有盗人入，阖㉔其自入而求之，盗其无自出。是其故何也？则止得要也㉕。

【注释】

① 王公大人：当时官方的王是周天子，公是被分封的诸

侯。但是春秋末期，这种严格的区分逐渐无法维持，强大的诸侯也开始僭越地使用王的称号。受这种风潮的影响，《墨子》中的"王公"用作对诸侯的尊称。而"大人"则是指卿或大夫之类担任国家要职的人。　　②刑政："刑"有治理、纠正之义，两字合起来可以理解为统治。也可以把"刑"限定为处罚义，把"刑政"理解为惩治犯罪的普通行政手段。　　③本：此处与"故"和"固"同义，表示本来、原本。　　④事：此处的"事"与"使"同义，意为任用、役使。　　⑤射御："射"是指在快速移动的战车上射击敌人的弓箭手；"御"是驾驶战车的人。这两者与一般的步兵不同，都是需要熟练掌握特殊技能的战士。　　⑥将：这里的"将"与"乃"同义。　　⑦德行："德"是某人自身所具有的、施与他人利益或恩惠的能力。"行"是对"德"的实践行动。　　⑧道术："道"是人类和社会为达到正确的目标所应遵从的路线、道理；"术"是引导人不偏离"道"的具体技术、方法。　　⑨珍：贵重的事物、需要重视的事物。　　⑩社稷："社"是土地神。"稷"是谷神；对"社"和"稷"的祭祀是一个国家最重要的仪式。社稷的祭祀如果断绝，就意味着国家的灭亡。因此，其意义随后扩大，"社稷"基本和"国家"同义。　　⑪恃：依靠、指望。　　⑫辟：与"避"相同，回避。　　⑬亲：有血缘关系的人。　　⑭疏：血缘关系远，或者没有血缘关系的人。　　⑮不辟远近：旧本作"不辟近"。王念孙认为"近"当改为"远",而正德本和《群书治要》作"远近",吴毓江《墨子校注》以"远近"为佳，今从之。　⑯ 远鄙：远离国都的边地城邑。　⑰ 郊外：从国都的城墙向外延伸一百里的四方形区域。古代的一里约 400 米。　⑱ 门庭庶子：这里的"门"与"阙"同义，指有谯楼的宫殿正门。据《校注》，正德本作"阙"。"庭"是宫中的庭院。"庶子"是妾所生的儿子。因为不是嫡子而受限制，不能直接出仕，所以在宫庭中担任守卫，并等待被任用为官的机会。　⑲ 国中之众：居住在都城内的平民百姓。　⑳ 四鄙之萌人："四鄙"是四方边境的城邑。"萌"与"甿"或"氓"音义相同，指农民、乡下人。　㉑ 一物：这里的"物"和"事"同义，此处具体指"举义"的"义"。　㉒ 一术："术"义为手段、方法，此处具体指"为义"的行为。　㉓ 止为凿一门：旧本作"上为"，但此处从孙诒让《墨子间诂》，改作"止为"。"止"义为只、仅仅。"为"义为处理、管理。　㉔ 阖：关门，包围内部而隔绝外部。　㉕ 止得要也："止得"旧本作"上得"，但这是对前文比喻的总结，"上"即国君就不必出现。故此处从孙诒让，改"上"为"止"。

【解说】　大量增加贤人

墨家提倡的所谓十论，由其独特的主张构成，这些主张鲜见于其他学派。其中的尚贤论，若仅看"崇尚贤人"的标题，广义上似乎可与儒家相通。不过，虽然都宣扬崇尚贤人，墨家和儒家的具体内容显然大有区别。

要理解墨家的尚贤论，首先必须注意，尚贤论要说服的对象仅限于"王公大人为政于国者"，所考虑的范围仅限于一国之内，由此来展开议论。

因此，尽管墨家要求各国的执政者把尚贤作为国家的方针政策，但此处的贤人始终只限于国内的人。上面以"众善射御之士"为例来说明"众贤之术"，其具体内容显示，墨家的尚贤方针并不从国外招揽，而只限于募集一国之内的人才。在中篇、下篇里也是如此，"凡所使治国家、官府、邑里，此皆国之贤者也"（中篇），以及"外者诸侯与之，内者万民亲之，贤人归之"（下篇），所论述的贤人都只限于本国的人。

墨家的尚贤论始终建立在一国的范围之内，其所谓的贤人也就只限于一国之内的人。如果是这样，那么把尚贤论的产生原因，与墨家团体作客于诸侯国的生活方式直接联系起来，这种思路就很值得怀疑。

渡边卓在《古代中国思想研究》（创文社，1973 年）中指出，墨家团体生活的基础形式，即作客于诸侯国，并在那里担任防守城池的工作，是尚贤论的成因所在。但是如前所述，尚贤论把任用人才的范围限定在国内，完全不涉及从国外招揽贤人，这样的话，就不能说尚贤论的来源，是墨家作为食客对自身利害的考量。而且正如渡边所说，在《尚贤》三篇中，完全看不到墨家担任守城团体的生活方式与尚贤论之间的联系。渡边自己也承认两者间存在断裂。对于这一矛盾，渡边的解释是，尽管墨家也属于食客团体，但他们夸耀自己的重视实践，指责食客的寄生谋食，同时却并未意识到自己也是这样的身份。然而，这种解释实在显得牵强。

当时的一般风潮是，食客是人才的主体。但墨家却无视这一点，将招揽贤者的对象限定在一国之内。墨家这种特异的性格来源究竟是什么呢？

思考这个问题，必须去考察尚贤政策中假托于古代圣王来说明的一些具体内容。"古者圣王之为政也，言曰：不义不富……"等一系列政策，不仅仅要选拔有才能之人，而是更进一步，将衡量一国之中所有人的价值标准，统一在一个"义"字之下。特别是"上之所以使下者一物也，下之所以事上者一术也"的表述，使人想起《商君书·农战》篇的以下主张：

> 凡人主之所以劝民者，官爵也；国之所以兴者，农战也。……善为国者，其教民也，皆从壹空而得官爵。……民见上利之从壹空出也，则作壹；作壹，则民不偷营。

在这里，商鞅所谓"壹空"，是指从事农耕和战争。尽管这与实践意义的墨家所谓"一物""一术"的内容不同，但是，通过控制授予官职爵位的手段，将民众的价值标准统一起来，在这一点上，两者的思路相似。

《尚贤》上篇的理论，和商鞅的这种法术思想有共通之处。而中篇、下篇也继承了这一点。中篇、下篇指出，要将不尊崇一义的人排除在国家核心之外，"不肖者抑而废之，贫而贱之"（中篇），"不忠信之士，我将罪贱之"（下篇），更是贯彻了上篇的思想，进一步用刑罚手段加以强制。其实，由于上篇的目标是将国内价值标准统一起来，这种强制手段当然也是该理论的必然结果。

由于提倡这种政策，可以看到，尚贤论所谓的贤人，并不限于具有天赋才能的特定人群。因为，如果只关注非凡的贤能智慧，"民皆劝其赏，畏其罚，相率而为贤"（中篇）就是完全不可能的。因此可以认为，此处论述的尚贤政策，是统治者为人民设定的一种必须遵守的行动标准，并以此维护国家的统治。所以，墨家使用的"贤人"一词，广泛地指代遵从统治者制定的价值标准并为此而努力奋斗的所有人。

也就是说，尚贤论的第一阶段，关注的主要问题不是能力而是意识，所以这里的贤人，其实只是遵从国家方针政策的顺民而已。

人才是国家之宝

所以古代圣王统治国家时，就选择任用有能力的人为臣，并尊重贤人。即使是农民、手工业者和商人，只要有能力，就选拔任用之。对于所任用之人，要给予高官厚禄，委以他们具体的政务，给予他们决断的权力。并宣布说，之所以这样做，是因为所任用之人的爵位如果不高，人民就不会尊重他的社会地位；俸禄如果不多，人民就不会相信他得到了任用；如果没有具体的政务和决断的权力，人民就不会敬畏他的权威。爵位、俸禄和政务权力，把这三者都给予贤人，目的不是为了向他个人施与恩赐，而是希望托付给贤人的事业能够取得成功。所以任用贤人时，首先要按照能力给臣子排序，按照官职给他们安排事务，随后按照实际的功劳给他们分配赏赐，并每次都评定他们的成绩，修订俸禄的高低。因此，官员任职后，就不能身居高位而尸位素餐；而出身平民的人，也能够施展能力，不会终身地位低下。有能力的人就提拔，无能力的人就降职。宣扬公义、排除私情，我所论述的主张正是如此。

因此在古代，尧在服泽以北发掘了默默无闻的舜，委以天下政事，天下得以太平。禹在阴方之中提拔了隐居的益，委以天下政事，天下得以太平。汤从厨师中提拔了伊尹，委以天下政事，获得了灭亡夏朝的良策。文王提拔了安于渔猎的闳夭和泰颠，委以二人政事，最终使西方各国臣服。所以在古代圣王的时代，即使是身处高位的官员，也害怕因为施政不力而被罢免，因而没有人不兢兢业业地践行"义"。即使是农民、手工业者和商人，也期待自己能得到任用，因而没有人不彼此竞争、互相鼓励，志存高远地践行"义"。而所谓的士，本来就是辅佐国君的宰相，为国君服务的官员。所以，国君如果能得到士的辅佐，就不会再苦于国事的谋划，也能免于身体的劳累。这样的话，国君就能树立声威、建立功业、宣扬美名而杜绝恶评。这都是由于获得了士的缘故。基于这一理由，墨子说：国君执政顺利时，必须任用贤人。国君遭遇困难时，也必须提拔贤人。如果想取法上古，继承尧、舜、禹、汤等圣王的治国之道，就不能不尊重贤人。尊崇贤人这一方针，才是政治的根本。

【原文】

故古者圣王之为政，列德而尚贤。虽在农与工肆①之人，有能则举之。高予之爵，重予之禄，任之以事，断予之令。曰：爵位不高则民弗敬，蓄禄②不厚则民不信，政令不断则民不畏。举三者授之贤者，非为贤赐也，欲其事之成。故当是时，以德就列，以官服事，以劳殿③赏，量功而分禄。故官无常贵，而民无终贱。有能则举之，无能则下之。举公义④，辟私怨⑤，此若言之谓也⑥。

故古者尧⑦举舜⑧于服泽之阳⑨，授之政，天下平。禹⑩举益⑪于阴方⑫之中，授之政，九州成⑬。汤⑭举伊尹⑮于庖厨⑯之中，授之政，其谋得。文王⑰举闳夭⑱、泰颠⑲于置罔⑳之中，授之政，西土㉑服。故当是时，虽在于厚禄尊位之臣，莫不敬惧而施㉒。虽在农与工肆之人，莫不竞劝而尚意㉓。故士者所以为辅相承嗣也。故得士则谋不困，体不劳，名立而功成，美章而恶不生，则由得士也。是故子墨子言曰：得意，贤士不可不举；不得意，贤士不可不举。尚欲祖述尧、舜、禹、汤之道，将不可以不尚贤。夫尚贤者，政之本也。

【注释】

① 工肆："工"是手工业；"肆"是陈列商品的地方，即商店，但此处在广义上指商业。　② 蓄禄："蓄"指保养、优待，"蓄禄"是指国君优待所任用之人，给予他们的俸禄。　③ 殿：此处与"镇""定"同义，指进行评议，论功行赏。　④ 举公义："公义"是指以整个国家的公共利益（义）为标准来评价人物。"举公义"是指执政者任用人才时，立场鲜明地贯彻这一方针。　⑤ 辟私怨："私怨"是指王公大人以自己的个人好恶为基准来评判人物。"辟私怨"是指执政者任用人才时，要排除个人的私情。　⑥ 此若言之谓也："此若"两字的意思是"这种"。"此若言"具体是指前文中墨子所说的

内容。"谓"是指所要表达的内容、主旨。这一句的意思是，墨子的基本主张，可以用常说的"举公义辟私怨"这句话来直接概括。 ⑦ 尧：古代的圣王。他是帝喾和陈锋氏女所生。帝喾死后由帝挚（尧的异母兄长）即位，帝挚死后，尧则即位成为天子。他即位后第七十年，从民间提拔了舜并重用之。又过了二十年，尧隐退时，看到自己的儿子丹朱愚昧不肖，于是托付舜代理天子之职。 ⑧ 舜：古代的圣王。他出身卑贱，尽管受到父亲和继母、继兄弟的迫害，依然奉行孝道，以此闻名于世。他三十岁时被尧发掘任用，五十岁时担任摄政。六十一岁时正式继承尧成为天子，施行仁政而天下大治。他看到自己的儿子商均愚昧不肖，于是重新指定禹为继承人。 ⑨ 服泽之阳：服泽具体指何地不明。《史记·五帝本纪》记载"舜，冀州之人也。舜耕历山，渔雷泽"。对于江河来说，北为阳南为阴；对于山岳来说，北为阴南为阳。 ⑩ 禹：舜的臣子。他的父亲鲧治水失败，被舜诛于羽山。禹继承其父，最终完成了治水的事业。舜死后，禹继承帝位，称为夏王朝的始祖。 ⑪ 益：舜的臣子，担任管理山林川泽的虞人这一官职。舜死后侍奉禹，被委以天下政事。禹死后，遵其遗言继承帝位，但三年后便让位于禹的儿子启，隐居于箕山之南。 ⑫ 阴方：阴方具体指何地不明。 ⑬ 九州成：远古的中国分为冀、兖、青、徐、扬、荆、豫、梁、雍九州。这

14

里指整个天下、全境。"成"是和平、整顿有序之义。　⑭汤：在舜为帝的时代，契辅佐禹治水，汤是契的后人。到了汤这一代，他担任夏的方伯（一方诸侯之长），但汤看到夏桀王暴虐无道，于是起兵灭夏，成为殷商王朝的始祖。　⑮伊尹：名叫阿衡，想侍奉汤但没有门路，于是先做了有莘氏的臣子。在有莘氏女嫁给汤时，作为厨师随行，得以发挥厨艺被汤赏识，最终被委以国政。　⑯庖厨：做饭的地方，厨房。　⑰文王：做殷商的诸侯时称为西伯，在国内施行仁政，使天下人心归服。尽管他在周王朝建立前就已去世，但是对周有振兴之功，死后被追谥为文王。　⑱闳夭：一位仰慕西伯（文王）的德行而归服周的名臣。西伯被商纣王囚禁在羑里时，他向纣王献上美女和财宝，使西伯获释。西伯死后，他侍奉武王，在灭殷事业中有参谋之功。　⑲泰颠：和前文的闳夭一样，也是侍奉文王和武王的周之功臣。　⑳罝罔："罝"是捕捉野兽尤其是兔子的网；"罔"是捕捉鸟兽或者捕鱼的网。　㉑西土：指当时文王的势力范围，位于中国的西部地区（渭河流域）。　㉒施：此处指趋向、努力施行。　㉓尚意："尚"和"上"相同，为提高、高扬之意。"尚意"是指为了实践德义，高扬自己的意志。

【解说】人才是促进繁荣的关键

在前一段中，贤人并不是指拥有杰出的才能智慧之人，而只是与"不义"相对的概念。所以这一阶段的贤人，并不能立刻都被任用为官，他们只是具备了为官的资格而已。而继上一阶段之后，人民的价值标准得到了统一，这部分的"有能则举之"则首次涉及了能力的问题。也就是说，尚贤论有两个阶段，用墨家的话来说，就是"众贤"（上篇）的阶段和"使能"（下篇）的阶段。

像这样，在"众贤之术"的名义下，对人民动用赏罚的诱导、强制手段，把全国范围内的价值标准统一起来。那么，如果认为墨家提出尚贤论的意图，仅仅是站在人民的角度要求统治者开放门户，这种观点就很难成立。

尚贤论的真正目的在于以下两点。第一，通过统一国内的价值标准，在国内制造出大量顺民。中篇指出，如果统治者不实行尚贤政策，人民的行动标准就不能统一到"义"这一点上，就会产生"为贤者不劝，而为暴者不沮"的混乱，国内的状况则被描述为"入则不慈孝父母，出则不长弟乡里，居处无节，出入无度，男女无别"。这些表述说明，墨家希望通过实施尚贤政策，广泛地建立社会秩序，从维护家族乡党伦理、揭发乡里的可疑人员、规范男女间的交际等方面，全面覆盖人民的日常生活。这就是尚贤论的第一个目的。

第二，按照能力选拔出官员群体，以维护国内统治的安定。中篇对其效果描述如下：

> 贤者之治国也，蚤朝晏退，听狱治政。是以国家治
> 而刑法正。贤者之长官也，夜寝夙兴，收敛关市、山林、
> 泽梁之利，以实官府。是以官府实而财不散。贤者之治
> 邑也，蚤出莫入，耕稼树艺、聚菽粟。是以菽粟多而民
> 足乎食。

此处要求官员群体维护国家治安，充实国内财政，维持民
生安定。上篇开头处，墨家宣扬的尚贤政策的效果是"国家之
富、人民之众、刑政之治"，此处的要求正好与这三点完全一
致。这就是尚贤论的第二个目的，也是尚贤论的终极目标。

这就意味着，尚贤论的第一个目标是，统一价值标准，使
国家的统治渗透到基层的日常生活中，而实现这种社会理想，
也无非是第二个目标的基础而已。也就是说，任用贤人能够高
效地治理国家，同时还具有延伸效果，能把人民的价值标准统
一于一义，两者相结合，就能创造安定而统治整饬的国家。在
尚贤论中，墨家一贯追求的，其实是"治国家欲修保而勿失"
（中篇）这种强化国家统治之策。

上面已经指出，如果把尚贤论的意图局限于标题字面的任
用贤人，尤其是从墨家作为食客的自身利害入手，来考察其提
出尚贤论的动机，就存在无法解决的问题。而如果把尚贤论的
最终目标作前述理解，相关问题也能随之而解决。正因为尚贤

论的最终目标是确保各国的安定，它所考虑的范围就必然是一国的内部，尚贤论探讨的贤人也就必须限定于一国之内的人。如果尚贤论的意图是追求各国统治的彻底变革，那么这种目标只能通过各国内部的自我完善来达成；只是依靠从国外引进特定的人才这种表面手段，始终无法实现这一目标。也正因此，这种改革政策当然不能只针对上层的贤人，也必须从国家的最基层开始积累。尚贤论在任用贤人为官之前，先用一义来约束国内人民的行动，对于不服从的人，不但不予任用，还用"贱之以为徒役"（中篇）加以胁迫，其实也是基于这种需求。

尚贤论所谓的"贤"，并不是指通晓各方面文化知识，具备多样才智，也不是指个人修养完备，德高望重，而只是强调了"贤者之治邑也，蚤出莫入，耕稼树艺、聚菽粟"（中篇）这种治理国家的实践能力，其指向有明显的限定。这显然也反映了前述的情况。

把这一点和儒家的贤人观念做对比，就会发现两者的尚贤主义明显有别。孔子称赞颜回时说"贤哉回也"（《论语·雍也》篇），却对"请学稼"（《论语·子路》篇）的樊迟做出"小人哉，樊须也。上好礼，则民莫敢不敬。……焉用稼"（同上）的批评。按照墨家的标准，像颜回这样不谙世俗之事，终生"一箪食，一瓢饮，在陋巷"（《论语·雍也》篇）之人，就很难看作是贤人的代表。相反，在主张"君子不器"（《论语·为政》篇）的孔子看来，终日"耕稼树艺"的人是"多能鄙事"（《论语·子罕》篇），也很难被称作是贤人吧。

在这方面，孟子的看法也是如此。对于许行[1]"贤者与民并耕而食，饔飧而治"（《孟子·滕文公上》篇）的学说，孟子反驳说"劳心者治人，劳力者治于人。治于人者食人，治人者食于人，天下之通义也"（同上），这是在反驳提倡皆农主义[2]的神农家。虽然墨家的尚贤论不像农家的主张那么极端，但是孟子则把直接从事生产劳动完全排除在统治者的职责之外，两相对比就必须承认，墨家对贤人的认识与孟子有很大的差别。

而荀子也激烈地反对墨家的尚贤论。这是由于墨家治理国家时，主张"将少人徒，省官职，上功劳苦，与百姓均事业，齐功劳"（《荀子·富国》篇）。荀子批评墨家让贤人直接从事劳动的主张，认为这会使"贤者不可得而进"（同上），与尚贤主义背道而驰。荀子对贤人的看法，直接表现在"不美不饰之不足以一民"（同上）这句话中。也就是说，荀子认为，贤人

1　许行是战国时期农家思想的代表人物。关于农家，《汉书·艺文志·诸子略》说："农家者流，盖出于农稷之官。播百谷，劝耕桑，以足衣食。故八政：一曰食，二曰货。孔子曰：'所重民食。'此其所长也。及鄙者为之，以为无所事圣王，欲使君臣并耕，悖上下之序。"《汉书·艺文志》著录的农家著作都已经亡佚，相关记载散见于《孟子》《管子》《吕氏春秋》等。农家也称为神农家，因为农家宗神农氏，《孟子·滕文公上》也记载许行"为神农之言"。
2　皆农主义主要指前引"与民并耕而食"的观点。这正是儒家所反对的，孟子就有激烈的反驳，《汉书·艺文志》也批评这种做法是"悖上下之序"。

的重要职责之一是通过文饰来彰显身份秩序，所以他极力批判墨家出于节用的身体力行，认为这是"役夫之道"（《荀子·王霸》篇），并说"墨子蔽于用而不知文"（《荀子·解蔽》篇）、"不足以县君臣"[1]（《荀子·非十二子》篇）。

如上所述，尽管墨家和儒家都主张尚贤，但其内容大有差别。儒家的尚贤论，并不关心尚贤政策如何运作而产生实效。说得极端些，仿佛只要有了贤人就能够万事大吉，倾向于把一切都寄托于贤人抽象的品德。

与之相比，墨家的尚贤论则是强化国家统治的政策，更有具体性，其中甚至体现出和变法思想的相通之处。

尽管如此，在把国家社会的运行寄托于个人的贤德才智这一点上，墨子也并未有所突破。墨家和儒家受到道家和法家批评——"不尚贤，使民不争"（《老子》第三章），"举士而求贤智，为政而期适民，皆乱之端，未可与为治"（《韩非子·显学》篇）。儒墨均被看作是落后于时代的旧思想，其原因之一也在于此。

1　所引汉文训读文如此。原文为："不足以容辨异、县君臣。""县"是"悬"的古字。"县"本义悬，引申为距离远、差别大等。后来除了从"距离远"引申出的"古代天子所居之地""地方行政区划名"这些义项写作"县"外，其他均写作"悬"，如"悬挂""悬殊"。

第二章　尚同上

尚同论共有上、中、下三篇。此处收录上篇全文。

执政者是人民的榜样

墨子说：远古时期刚刚有人民的时候，刑罚的规定和统治者的政令都还不存在，想必人民都各自宣扬着不同的"义"（并信奉之）。因此，一个人有一种"义"，两个人就有两种"义"，十个人就有十种"义"，这种情况下，人数越多，他们所宣扬的"义"的数量也就越多。因此人们就认为自己信奉的"义"是正确的，别人的"义"则是错误的。所以人们就会彼此非难。造成的结果是，连家庭中的父子兄弟都互相怨恨，乃至断绝关系，陷入无法和谐一致的状态。而天下的人民，也都开始毁坏堤防，纵火下毒，彼此伤害。进一步发展以至于即使有多余的劳力也不愿帮助他人，即使财产多到腐烂也不愿分给他人，即使有好的方法也隐瞒起来不愿告诉他人。这种混乱状态的天下，就如同野兽的世界一样。而探究天下如此混乱的原因，就会发现是由于统治者的缺席。

所以，从天下选出贤人，把合适的人立为天子。天子即位后，考虑到自己一人力量不足，又从天下选出贤人，把合适的人安排为辅佐天子的三公。这样，天子和三公已经确定，但是他们看到天下地域广大，远方各国人民的习俗和各地的价值观不同，其利害相互冲突，信息纷杂，无法明确地了解这些情况。于是就把天下分成多个国家，分封诸侯。各国的国君已经分封完毕，但是国君考虑到自己一人力量不足，又从本国选出贤人，把中意的人任命为乡长和里长。这样，里长和乡长就都已经完备。于是当各级统治者的任命都结束后，天子向天下的人民发布政令，内容如下："听闻善恶之事，都要向直属的统治者汇报。统治者认为是正确的事情，所有人都应该认为它正确；统治者认为是错误的事情，所有人都应该认为它错误。统治者如有过失就应该劝谏，人民中如有品德高尚之人就应该广泛地举荐他们。与统治者价值观一致而不结党营私的人，正是统治者奖赏的对象，也是人民应该一致赞赏的对象。而听闻善恶不向其统治者汇报，不肯定统治者认为正确的事情，不否定统治者认为错误的事情，不劝谏统治者的过失，不广泛举荐人民中品德高尚之人，结党营私且与统治者价值观不一致，这样的人正是统治者处罚的对象，也是人民应该一致批判的对象。"

统治者通过这种制度来实施赏罚，其判断就会非常明智而切合实际。

从以上过程来看，里长自然应该是里中首屈一指的仁人。里长向里中的人民发布政令，内容如下："听闻善恶之事，都要向乡长汇报。乡长认为正确的事情，所有人都应该认为它正确；乡长认为错误的事情，所有人都应该认为它错误。抛弃你们不良的言谈，学习乡长的善言；改正你们不良的行为，学习乡长的善行。"那么，一乡之内怎么会混乱呢？考察一乡之内得到治理、秩序整肃的原因，究竟又是什么呢？这仅仅在于乡长能够统一一乡之内的价值标准，这就是乡得到治理的原因。乡长，本来就应该是乡内首屈一指的仁人。乡长向乡内的人民发布政令，内容如下："听闻善恶之事，都要向国君汇报。国君认为正确的事情，所有人都应该认为它正确；国君认为错误的事情，所有人也都应该认为它错误。抛弃你们不良的言谈，学习国君的优秀言论；改正你们不良的行为，学习国君的优秀品行。"那么，一国之内怎么会混乱呢？考察一国之内得到治理、秩序整肃的原因，究竟又是什么呢？这仅仅在于国君能够统一一国之内的价值标准，这就是国家得到治理的原因。而国君，本来就应该是国内首屈一指的仁人。国君向国内的人民发布政令，内容如下："听闻善恶之事，都要向天子汇报。天子认为正确的事情，所有人都应该认为它正确；天子认为错误的事情，所有人也都应该认为它错误。抛弃你们不良的言谈，学习天子的优秀言论；改正你们不良的行为，学习天子的优秀品行。"那么天下怎么会混乱呢？而天下得到治理的原因又是什么呢？这仅仅在于天子能够统一天下的价值标准，这就是天下得到治理的原因。

不过，即使天下所有人民的价值观都与天子一致，也还需要与上天的价值标准取得一致，否则天降的灾害就无法消除。如今狂风暴雨频繁地侵袭大地，这种现象，正是上天因百姓的价值标准与其不一致而惩罚百姓的证据。综上，墨子说：古代的圣王设置五种刑罚，合理地统治人民。用比喻来说明这五种刑罚，正如同纠结的线团靠线头整理，大网则由一条总绳来控制，对天下的人民使用五刑的手段，将不服从直属统治者之人一网打尽。

【原文】

子墨子言曰：古者民始生，未有刑政之时，盖其语①人异义②。是以一人则一义，二人则二义，十人则十义，其人兹③众，其所谓义者亦兹众。是以人是其义，以非人之义。故交相非也。是以内者父子兄弟作怨恶离散，不能相和合。天下百姓皆以水火毒药相亏④害。至有余力不能以相劳，腐朽⑤余财不以相分，隐匿良道不以相教。天下之乱若禽兽然。夫明虖天下之所以乱者，生于无政长⑥。

是故选择⑦天下之贤，可者立以为天子。天子立以其力为未足，又选择天下之贤，可者置立之以为三公⑧。天子、三公既已立，以天下为博大，远国异土之民，是非利害之辨，不可一二而明知。故画分万国，立诸侯国君。诸侯国君既已立，以其力为未足，又选择其国之贤，可者置立之以为正长。正长既已具。天子发政于天下之百姓，言曰："闻善而不善，皆以告其上。上之所是，必皆是之；所非，必皆非之。上有过则规谏⑨之，下有善则傍荐⑩之。上同而不下比⑪者，此上之所赏，而下之所誉也。意若闻善而不善，不以告其上，上之所是，弗能是，上之所非，弗能非；上有过弗规谏，下有善弗傍荐，下比不能上同者，此上之所罚，而百姓所毁也。"上以此为赏罚，甚明察以审信。

是故里长⑫者里之仁人也。里长发政里之百姓，言曰："闻善而不善，必以告其乡长⑬。乡长之所是，必皆是之；乡长之所非，必皆非之。去若不善言，学乡长之善言；去若不善行，学乡长之善行。"则乡何说以乱哉？察乡之所以治者何也？乡长唯能一同乡之义。是以乡治也。乡长者乡之仁人也。乡长发政乡之百姓，言曰："闻善而不善者，必以告国君。国君之所是，必皆是之；国君之所非，必皆非之。去若不善言，学国君之善言；去若不善行，学国君之善行。"则国何说以乱哉？察国之所以治者何也？国君唯能一同国之义，是以国治也。国君者国之仁人也。国君发政国之百姓，言曰："闻善而不善，必以告天子。天子之所是，皆是之；天子之所非，皆非之。去若不善言，学天子之善言；去若不善行，学天子之善行。"则天下何说以乱哉？察天下之所以治者何也？天子唯能一同天下之义，是以天下治也。

天下之百姓，皆上同于天子[14]，而不上同于天，则天菑[15]犹未去也。今若夫飘风苦雨湊湊[16]而至者，此天之所以罚百姓之不上同于天者也。是故子墨子言曰：古者圣王为五刑[17]，请以治其民。譬若丝缕之有纪，罔罟[18]之有纲[19]。所连收天下之百姓不尚同其上者也。

【注释】

①语：此处为陈说、论述之意。　②义："义"在古代多用"宜"或"谊"字表示。其相通之处在于，适宜整个人类社会的做法就是正义。　③兹：本为草木蔓延滋生之意。引申表示繁殖增长，进而表示更加、更进一步的意思。　④亏：与"欠"相同，表示亏欠、不足的意思。　⑤殇：指尸体腐坏朽烂。此处与"朽"同义。　⑥政长：指政治方面的统治者。后文的"正长"同。　⑦选择：旧本脱"择"字，据王念孙《读书杂志》补。　⑧三公：辅佐天子的太师、太傅、

太保。　　⑨ 规谏："规"是纠正、教诲训诫之意。　　⑩ 傍荐：此处的"傍"与"旁"相同，表示广泛、遍及。　　⑪ 下比：此处的"比"是结成同伴的意思。"下比"是指平民百姓互相结成党徒。　　⑫ 里长："里"是周代的行政区划。《周礼·地官》篇以二十五家为一里[1]，但从文献来看，一里的家数从五十、八十到一百，各不相同。　　⑬ 乡长："乡"也是行政区划。据《周礼·地官》篇郑司农注，周代一万二千五百家为一乡[2]。但一般认为，实际的家数当然因地域和时代而有所不同。　　⑭ 皆上同于天子：旧本"天子"作"天一"，苏时学《墨子刊误》认为当改作"天子"，《墨子校注》亦指出正德本作"天子"。今从之。　　⑮ 菑：本指不生作物的荒田，此处指带来歉收、饥荒的天灾。　　⑯ 溱溱："溱"指大量聚集。此处指各种灾害接连发生。　　⑰ 五刑："五刑"的内容在各种文献中的记载不同，《书经·吕刑》篇所载为：墨（刺字）、劓（割鼻）、剕（剜膝）、宫（去势）、大辟（死刑）[3]。　　⑱ 罔罟：两字均指网。　　⑲ 纲：束网的总绳。

---

1 见《周礼·地官司徒·遂人》篇："五家为邻，五邻为里。"
2 见《周礼·地官司徒·乡大夫》篇："乡大夫之职，各掌其乡之政教禁令。"其下郑玄云："郑司农云：万二千五百家为乡。"郑司农指东汉经学家郑众，他曾任大司农。郑玄则时代稍后，是东汉经学的集大成之人。二人并称先郑、后郑。
3 《书经》即《尚书》。此处见《尚书·周书·吕刑》篇："墨罚之属千，劓罚之属千，剕罚之属五百，宫罚之属三百，大辟之罚其属二百。五刑之属三千。"

【解说】分封与统一的平衡

关于尚同论的特点，曾经有的研究认为，其与卢梭的社会契约论相似，从而给予高度评价。不过这种倾向很快就消失了。近年来，往往认为尚同论剥夺了个人的独立性，使人民隶属于君主的专制之下，或认为尚同论源自墨家团体内部的钜子[1]（领导者）管理模式，是一种独裁的天子专制理论，对其评价很低。

不过，做出这种评价，是因为没有充分认识尚同论的内容，所以这完全是对尚同论的误解。如果认为尚同论是独裁的天子专制理论，那么它对于天子和人民之间的一切中间组织，尤其是最大的中间组织——国家机关，就应该完全抹杀其独立性。而如果尚同论承认各国的独立地位，就无法把它看作是独裁的天子专制理论。

然而，尚同论所描述的理想世界，是由如下的政治组织构成的：

天—天子—三公—诸侯、国君—乡长—里长—民（上篇）

天—天子—三公—诸侯、国君—左右将军、大夫—乡长、

1　钜子，也作"巨子"，是墨家的领袖。《庄子·天下》篇说墨家弟子"以巨子为圣人，皆愿为之尸，冀得为其后世，至今不决"。先秦典籍记载的墨家钜子有孟胜、田襄子、腹䵍。《吕氏春秋·离俗览·上德》记载："墨者钜子孟胜，善荆之阳城君。……孟胜因使二人传钜子于田襄子。"《吕氏春秋·孟春纪·去私》则记载："墨者有钜子腹䵍，居秦，其子杀人。"

里长—民（中篇）[1]

天—天子—三公—卿、宰—乡长—家君—民（下篇）[2]

各篇内容虽略有差异，但这些名称都来自于周的分封制度。可见，墨家自己所设计的世界制度中，天子和人民之间存在着以上的中间组织。

如果说尽管如此，还坚持要把尚同论看作天子专制的理论，那就只能认为：墨家虽然在形式上设置了这些中间组织，但它们并无实质上的独立性。那么，这种理解究竟能否成立呢？

此处需要思考的是：设置这些中间组织的理由是什么？根据原文的说明，天子设置三公的理由是"以其力为未足"，天子、三公分封诸侯、国君的理由是"以天下为博大，远国异土之民，是非利害之辨，不可一二而明知"，诸侯、国君设置乡长和里长的理由是"以其力为未足"。也就是说，各级统治者之所以为自己设置下级，都是因为认识到了自己的统治能力有

1　原文："是故选择天下贤良圣知辩慧之人，立以为天子，使从事乎一同天下之义。天子既已立矣，以为唯其耳目之请，不能独一同天下之义，是故选择天下赞阅贤良圣知辩慧之人，置以为三公，与从事乎一同天下之义。天子三公既已立矣，以为天下博大，山林远土之民，不可得而一也，是故靡分天下，设以为万诸侯国君，使从事乎一同其国之义。国君既已立矣，又以为唯其耳目之请，不能一同其国之义，是故择其国之贤者，置以为左右将军大夫，以远至乎乡里之长与从事乎一同其国之义。"

2　原文："是故选择贤者，立为天子。天子以其知力为未足独治天下，是以选择其次立为三公。三公又以其知力为未足独左右天子也，是以分国建诸侯。诸侯又以其知力为未足独治其四境之内也，是以选择其次立为卿之宰。卿之宰又以其知力为未足独左右其君也，是以选择其次立而为乡长家君。"

限。所以，这些中间组织并不只是名义上的，它们各有其独立性，从而负责各领域的统治。

这说明，墨家在尚同论中描述的世界，绝不像前面所说，剥夺了个人的独立性，使人民隶属于君主的专制之下。事实上，天子因为"以其知力为未足独治天下"（下篇）而接受三公的辅佐，进一步"靡分天下，设以为万诸侯国君"（中篇）并委任他们管理自己的封国，这样的情况实在很难看作是天子专制。根据墨家自己的设计，天子的统治能力本来就是有限的，他只是整个政治系统中的一部分而已。就连天子所分封的诸侯，也由于"以其知力为未足独治其四境之内"，不得不进一步借助卿、大夫或乡长、里长的力量。在这里，统治权力逐渐向下位分散，这种强烈的倾向说明，尚同论所构建的世界，远非独裁的专制国家。

不过，可能还会产生这样的疑问：无论尚同论产生时的意图如何，尚同的过程一旦开始，各中间组织的独立性是否会逐渐遭到破坏？所以下一个问题就在于：向上层靠拢的尚同，是否意味着完全放弃自己的独立性？

上篇中，在尚同的过程开始时，天子首先向人民宣布尚同的方法。其内容有两点值得注意。第一，这里尚同的对象并非天子自己，而是人民的直属统治者"其上"。第二，关于"义"的具体内容，天子并未规定何是何非，只是命令人民遵从其直属统治者所规定的"义"。也就是说，在各级行政单位中，尚同政策的实施权掌握在各中间组织的领导人手中。

不过，这种方式下，各统治者可以恣意行使权力，存在着滥用尚同政策的风险。所以在任用各中间组织的领导人时，尚同论要求选取"贤者""仁人"，从而防止权力的滥用。

因此，尚同论依靠各统治者个人的智慧、品德来实施，这说明，对于以国家机关为首的各中间组织，尚同论承认其独立性。

那么，当各国国君领导各国人民，向天子一人尚同时，情况又如何呢？到了这一阶段，天子是否会剥夺各中间组织的独立性，变身为独裁君主呢？这个问题必须回答。此处首先要确认的是，各中间组织以前所规定的"义"，在他们向天子尚同时，并未全部遭到毁弃。即使中间组织各自规定了"义"的内容，由于各统治者都具有"贤者""仁人"的资质，可以想见，他们所规定的"义"也有不少共同点，这些共同部分在尚同过程当中当然会继续维持效力。所以，经过了之前的尚同阶段，仍无法取得一致的部分，才需要由天子来裁定。

进一步看，通过要求天子具备"天下之贤"的资质，墨家就建立了一个大前提："天子者，固天下之仁人"（中篇），天子作为世界上首屈一指的仁人，不可能举止出格、滥用权力。

尽管如此，还有一个遗留问题，那就是：天子处于尚同的终极顶点，他事实上有可能恣意滥用权力，而缺乏阻止的手段。那么天子是否会成为实质上的专制统治者呢？

为了弥补这一缺陷，墨家又引入了对天（上帝）的尚同。在上篇中，尚同并未止步于天子，而是强调最后必须与天尚同。上篇的表述中，只涉及人民必须与天尚同，乍看之下，天子似乎没有这样的义务。不过，尽管天下万民与天子尚同，但万民尚同于天子，并不直接意味着尚同于天，如果天灾持续来袭，就说明天子必须调整自己的"义"，使之与上帝的意志相符合。尽管这是间接的理论推演，但是尚同论还是通过引入"天"这一绝对的神，用与之尚同的手段，对天子恣意的专制统治加以强力制约。

通过以上说明可以看到，从提出的动机到实施的过程来看，尚同论的天子都并非独裁专制的统治者，各国的独立性也始终得以保障。应当认为，尽管尚同论提倡尚同一义，但并不意味着万民必须强制接受天子所规定的"义"，并非单纯的上意下达。相反地，墨家真正的意图，是这样一个复杂、迂回的累积式的过程：各中间组织接受人民的劝谏而推进"义"的统一，同一级别内的"义"，其间的差别则由上一级统治者来裁定，据此不断修正，最终走向天下共通的一义。

不过，天灾是否真的能像墨家期待的那样发挥警示的作用？尚同论应用于现实政治时，是否真的能阻止天子走向专制君主？这些疑问仍然存在。但是，这些疑问与墨家提出尚同论的本意，已经不是同一层面的问题了。

尚同论认为，远古时期刚刚有人民的时候，每个人的"义"都不同，杀人越货之事遍地发生，如同野兽的世界一样。当时的诸子多持退步史观，认为远古时期是朴素、平安的理想社会，随着时代的发展，世界才逐渐走向险恶。所以尚同论的观点，在当时是很独特的。此外，尚同论用"义"的统一来消除这种混乱，认为如果放任人民而不加管理，就会陷入禽兽般的世界，这说明所谓的"义"并非来自人民的内在本性，相反地，这种"义"通过赏罚等强制性手段作用于人民，是一种外在的规范。在这一点上，尚同论与荀子、法术思想有近似之处。荀子认为人性本恶，需要通过外在的礼来进行后天的教化。法术思想则认为，放任人民不管，他们就会因利益纷争而陷入混乱，应当通过君主制定的律法，从外部约束人民，从而实行统治。

然而，人们通过"义"的统一而建立起社会秩序，这靠的是"贤者""仁人"的资质、品德，这些"贤者""仁人"仍然是依靠个人的贤德才智被选拔任用为统治者，从这一点看，可以说尚同论保留了浓厚的贤能主义、德治主义色彩。在这方面，尚同论的思想特点与尚贤论如出一辙，墨家自己也把这两者看作一对可以算作同类的主张[1]，这就是可以理解的了。

---

1 见《墨子·鲁问》篇："国家昏乱，则语之尚贤、尚同；国家贫，则语之节用、节葬；国家熹音湛湎，则语之非乐、非命；国家淫僻无礼，则语之尊天、事鬼；国家务夺侵凌，即语之兼爱、非攻。"据此，尚贤论和尚同论被分在一类。

第三章　兼爱上

此篇论述著名的兼爱思想。这里省略以医生治病作喻，指出为了统治天下，首先要探求产生混乱原因的开头部分。

不牺牲他人以谋利

圣人的任务就是统治天下，所以他必须明察天下混乱的原因。试问为什么会产生这种混乱？其原因是人们不能互相关爱。臣对君、子对父不孝，这是一种所谓的混乱。儿子只爱自己而不爱父亲，于是他就伤害父亲来为自己谋利。弟弟只爱自己而不爱兄长，于是他就伤害兄长来为自己谋利。臣子只爱自己而不爱国君，于是他就伤害国君来为自己谋利。这正是人们所谓的混乱。而父亲不爱儿子，兄长不爱弟弟，国君不爱臣子，这也是一种所谓的混乱。父亲只爱自己而不爱儿子，于是他就伤害儿子来为自己谋利。兄长只爱自己而不爱弟弟，于是他就伤害弟弟来为自己谋利。国君只爱自己而不爱臣子，于是他就伤害臣子来为自己谋利。产生这种现象的原因到底是什么呢？这都是不互相关爱造成的。至于天下出现做盗贼的人，原因也是如此。小偷只爱自己的家而不爱别人的家，于是他就从别人的家里偷盗，为自己家谋利。强盗只爱自己而不爱别人，于是他就从别人那里抢夺，为自己谋利。产生这种行为的原因到底是什么呢？这都是不互相关爱造成的。至于大夫扰乱彼此的家族，诸侯攻击彼此的国家，原因也是一样的。大夫各自只爱自己的家族而不爱别人的家族，于是他就扰乱别人的家族，为自己的家族谋利。诸侯各自只爱自己的国家而不爱别人的国家，于是他就攻击别人的国家，为自己的国家谋利。

世上的各种混乱，以上所举的例子已经全部概括了。考察这些混乱产生的原因到底是什么，就会发现全部都是由不互相关爱造成的。

【原文】

圣人以治天下为事者也，不可不察乱之所自起。当①察乱何自起？起不相爱。臣子之不孝君父，所谓乱也。子自爱不爱父，故亏父而自利。弟自爱不爱兄，故亏兄而自利。臣自爱不爱君，故亏君而自利。此所谓乱也。虽父之不慈子，兄之不慈弟，君之不慈臣，此亦天下之所谓乱也。父自爱也不爱子，故亏子而自利。兄自爱也不爱弟，故亏弟而自利。君自爱也不爱臣，故亏臣而自利。是何也？皆起不相爱。虽至天下之为盗贼者，亦然。盗爱其室^②，不爱其异室。故窃异室，以利其室。贼爱其身，不爱人。故贼人，以利其身。此何也？皆起不相爱。虽至大夫之相乱家、诸侯之相攻国者，亦然。大夫各爱其家，不爱异家。故乱异家，以利其家。诸侯各爱其国，不爱异国。故攻异国，以利其国。天下之乱物^③其此而已矣。察此何自起？皆起不相爱。

【注释】

① 当：孙诒让《墨子间诂》认为"当"同音假借为"尝"，今从之，理解为"尝试"。 ② 室：此处的"室"是家、家庭的意思。 ③ 乱物：这里的"物"与"事"同义。古"物""事"通用。

【解说】利己主义是混乱之源

墨家主张兼爱论，目的只有一点，就是整顿天下的混乱局面，重建安定的社会秩序。于是他们首先要探究世界混乱的根本原因，并把各种混乱现象分成六类，一一列举。这六种混乱分别是：父子反目、兄弟不和、君臣对立、盗贼猖獗、贵族纷争、国家侵略。墨家指出，这些混乱看上去截然不同，但其根本原因都是共通的——通过牺牲他人来为自己谋利。这样的想法和行为就是唯一的原因。墨家由此得出结论，"自爱"思想造成了"亏人自利"[1]的行为，这种思想正是世界秩序遭到破坏、社会陷入混乱的根本原因。

这段论述中，墨家认为，要使天下恢复安宁，其先决条件是查明混乱的原因。对于现实中产生的各种破坏秩序的现象，墨家并未笼统地看成乱世之象，而是根据它们各自的特点，划分其所属的类型，从而进行分析，并提取六种类型的混乱中共通的行为和其背后的思想，把"乱"这一概念的本质统一于一点。墨家的理论和思考方法在这些地方得到了鲜明的体现。

爱人如爱己

如果能让世界上所有的人，都不分彼此而互相关爱，像爱自己一样去爱别人，那么还会有不孝的人吗？如果把父亲、兄长和国君看得和自己一样重，怎么会不孝呢？那么还会有不慈爱的人吗？如果把儿子、弟弟和臣子看得和自己一样重，怎么会不慈爱呢？因此就不会再有不孝和不慈爱的人。那么还会有盗贼吗？如果把别人的家看得和自己的家一样重，谁还会去偷窃呢？如果把别人看得和自己一样重，谁还会去伤害别人呢？因此就不会再有盗贼。那么大夫还会扰乱彼此的家族，诸侯还会攻打彼此的国家吗？如果把别人的家族看得和自己的家族一

1　见《墨子·非攻上》篇。

样重，谁还会去扰乱呢？如果把别人的国家看得和自己的国家一样重，谁还会去侵略呢？因此大夫不再互相扰乱彼此的家族，诸侯也不再互相攻击彼此的国家。如果能让世界上所有的人，都不分彼此而互相关爱，那么国家之间就不再互相攻击，家族之间不再互相扰乱，盗贼消失，君臣、父子之间都能结成慈孝的关系，这样的话，世界一定能够获得安定。圣人本来就以统治天下为己任，怎么能不禁止人们憎恶别人，不鼓励人们关爱别人呢？所以，人们不分彼此地相互关爱，世界就能安定；人们互相憎恶，世界就会混乱。所以墨子说，不能不劝勉人们去关爱他人，其理由正在于此。

【原文】

若使天下兼相爱，爱人若爱其身①，犹有不孝者乎？视父兄与君若其身②，恶施不孝？犹有不慈者乎？视子弟③与臣若其身，恶施不慈？故不孝不慈亡有④。犹有盗贼乎？视人之室若其室⑤，谁窃？视人身若其身，谁贼？故盗贼亡有⑥。犹有大夫之相乱家，诸侯之相攻国者乎？视人家若其家，谁乱？视人国若其国，谁攻？故大夫之相乱家、诸侯之相攻国者亡有。若使天下兼相爱，国与国不相攻，家与家不相乱，盗贼无有，君臣父子皆能孝慈。若此则天下治。故圣人以治天下为事者，恶得不禁恶而劝爱？故天下兼相爱则治，交相恶⑦则乱。故子墨子曰：不可以不劝爱人者，此也。

【注释】

①爱人若爱其身：旧本脱开头"爱"字，《间诂》据卢文弨校订补。今从之。　　②犹有不孝者乎视父兄与君若其身：旧本脱此十四字。从《间诂》补。　　③子弟:《间诂》作"弟子"，但此处据灵岩山馆本和宝历本改为"子弟"。　　④故不孝不慈亡有：旧本脱"故""不慈""有"四字，据《间诂》补。　　⑤视人之室若其室：旧本"视"上有"故"字，然据《间诂》视作衍文，删。　　⑥盗贼亡有：旧本作"有亡"，据毕沅说，看作倒文，修正。后文"亡有"同。　　⑦交相恶：旧本脱"交"字，从王念孙《读书杂志》补。

【解说】爱能拯救世界

在上一段中，墨家把天下混乱的原因归结为"亏人利己"的自爱思想，而这一段的开头，则引入了兼爱作为让天下恢复安宁的策略。这种兼爱，是作为自爱的相反概念提出的，其本意是"像爱自己一样去爱别人"，也就是不区分彼此的兼相爱。所谓的"兼"，是指在两物之间架起桥梁、建立关系。墨家察觉到，破坏社会秩序、造成世界混乱的原因，正是那种不惜牺牲他人也要为自己谋利的思想，所以主张通过兼爱论来制约。

此时，所"兼"的其中一方总是自己。所以，自己不加区别地兼爱他人 A 和他人 B，这种关系其实偏离了墨家的目的，当然也就不包括在兼爱论之中。经常看到这样的说法，把兼爱论解释为无差别的平等关爱，但这很容易招致误解。如果把这种说法看作是对自己和他人不作区别、平等地关爱自己和他人，那就没有问题。但是，如果理解为自己面对他人 A 和他人 B 时，不加差别地平等关爱两者，就会脱离墨家的本来意图。

其实，平等地关爱自己和他人 A，同时也平等地关爱自己和他人 B，其结果就是自己不加差别，平等地关爱他人 A 和他人 B。但是，这只是最终形成的现象，由于他人 A 和他人 B 之间并未直接建立关系，所以这并非兼爱论的主旨。孟子用"墨子兼爱，是无父也。无父无君，是禽兽也"（《孟子·滕文公下》篇）批评兼爱论。这其实就是重视最终形成的现象，认为墨家的兼爱，是要求人像爱自己的父亲那样爱他人的父亲，像爱自己国家的国君那样爱其他国家的国君，从这种理解出发提出批评。孟子主张爱有差等，认为从爱自己的父母延伸到爱他人的父母时，爱一定会减少。所以在孟子看来，兼爱论是忽视亲疏差别的危险思想。但兼爱论的本意，却正是要确立父子、兄弟、君臣间的秩序，故前引孟子的批评，其实是出于学派之间的敌视，有所夸张。

而在对兼爱论的进一步探讨中，墨家并未面向具体的个人进行论述。墨家设定了七种对立关系，这些关系的一方是内部利害完全一致的群体，另一方则是其同类或与之对立的群体，并把天下看作这些群体复合而产生的集合体。在《兼爱上》篇中，根据墨家的设定，这种关系如下：

父——子

兄——弟

君——臣

盗（自室）——他人（异室）

贼（其身）——他人（人）

大夫（自家）——其他大夫（异家）

诸侯（自国）——其他诸侯（异国）

那么，这些群体是根据什么划分的呢？墨家主张兼爱，其目的依然是维持社会秩序，所以就以完成这一目的时的功能为标准，为整个世界分类。所以，墨家看待人类，仅仅将其看作维持社会秩序的各群体中的一员。此处的个人，就不再是充满矛盾的血肉之躯，不再拥有复杂的感情和思想，不再是一个综合性的存在。个人有时是父亲，有时是臣子，甚至有时候可能会成为盗贼，对他的认知只能依靠特定时刻的社会功能；维持社会秩序需要各种功能，而个人只不过是这些功能的抽象组合与重复。当然了，这里的父子、兄弟等关系，也不是由血缘和感情而形成的、复杂暧昧的亲属关系，而只是一种功能关系，他们之间形成了一种社会秩序。在这些利害关系相异的群体中，不在自己所属的群体和对立的群体之间设置差别（兼），不为了追求利己而牺牲、利用他人（爱），这就是兼爱论的理论结构。

渡边卓在《中国古代思想研究》（创文社，一九七三年）中提出，《兼爱上》篇的"利"只用于指"自利"，所以这里就采取"拒利"的反对态度；而到了《兼爱中》篇，墨家把"利"限定在"他利"的意义上，新引入"交相利"的理论，呼吁在国家、社会层面交换利益；下篇也继承了这一立场。渡边认为，上篇的兼爱拒利思想并非从国家、天下的大利出发，而是继承了原始儒家的影响，立场狭隘而激进。进一步可以认为，从兼爱拒利到兼相爱交相利的转变，是学派兴盛的契机，是墨家思想中划时代的转变，值得大书特书。

然而，中篇出现的"交相利"并不是指直接交换利益，而是指秉承兼爱的精神，不再牺牲他人来获得自利，通过这种方式，最终让天下恢复安宁，使万人享受这种天下大利，这仍然继承了上篇的理论结构。也就是说，墨家的"兼相爱"的最终结果是"交相利"，上篇的主旨在中、下篇里，只是换了个表述方式，做更详细的说明而已。可以说，不牺牲他人来谋求眼前的私利，在这一点上，中、下篇和上篇一样，都依然"拒利"；而暂时放弃对私利的直接追求，从而得到间接的全体性恩惠即天下安定，在这一点上，上篇和中、下篇也完全一样，都是"交相利"。

墨子所谓爱的具体内容，并不要求给予他人某些特定的利益，这种爱尚不具备这一程度的积极性，它只停留在不"亏人自利"，也就是不从他人那里掠夺利益。所以兼爱的结果，及其带来的利益，都不是可以直接交换的个人利益，而必然是大局的、间接的利益。

第四章　非攻上

《非攻上》篇很短，结构也不完整。因此有观点认为其成文最早，或认为原文只有部分传世。本章翻译其全文。

侵略战争是国家的犯罪

现在假设有一个人，潜入他人的果园偷取桃子李子。人民得知了这一行为，就会批评这个人，统治者逮捕了这个人，就要处罚他。这是为什么呢？因为他损害他人的利益来为自己谋利。至于偷窃他人的狗、鸡、猪等牲畜，这种行为比潜入他人的果园偷取桃子李子更加不义。这是为什么呢？因为对他人的损害程度更严重。这种行为更加不仁，其罪行也更严重。至于侵入他人的牛圈马厩，抢夺牛马，这种行为比偷窃他人的狗、鸡、猪要更加不仁、不义。这是为什么呢？因为这种行为给他人带来的损害更大了。对他人损害越大，行为就越加不仁，其罪行就越加严重。至于杀害无罪的人，剥下他们的衣服，夺走他们的戈和剑，这种行为比侵入他人的牛圈马厩抢夺牛马，要更加不义。这是为什么呢？因为这种行为给他人带来的损害更大了。事实上，损害他人的程度越深，这种行为就越不仁，其罪行也就越加严重。以上的这些犯罪行为，天下的君子都批评其为恶，指责这种行为的不义。

然而现在，对于攻击其他国家这种大规模的不义行为，却谁也不知道去批评指责，还称赞这种功劳，评价其为正义的战争。这种状况，能说是懂得义与不义的区别吗？杀害一个人，社会就认为这是不义，对这种罪状必定会判一次死刑。如果按照这个理论进一步推论，杀害十个人，就是十倍的不义，必定会判十次死刑。杀害一百个人，就是一百倍的不义，必定应该判一百次死刑。对于这样的杀人罪，天下的君子都知道应该批评，认为这种杀人行为是不正义的。然而现在，大举施行不义之事，侵略别人的国家，对于这种行为却完全不知道要批评，还表扬这种行为，并进一步美化其为正义之战。想来他们并没有认识到侵略战争是不义的，所以连篇累牍地赞美战争的功绩，想要流传于后世。如果他们自己能认识到侵略战争是不正义的，怎么会不知羞耻地写下歌颂恶事的文章，让自己的可耻之事流传于后世呢？

假设现在有一个人，他看到少量的黑色就说黑，看到大量的黑色却说那是白的，人们一定会认为他分不清黑与白。或者说，有个人尝到了一点苦味就说苦，尝到大量的苦味却说那是甜的，谁都会说这个人分不清苦与甜。如今世上的君子，对于小规模的恶事，就认为是犯罪而加以批评，可是侵略攻击其他国家这样大规模的恶事，却不能认识到这是国家的犯罪而去批评。所以他们赞美侵略战争，吹嘘这是正义的。这种情况，能说是懂得正义与不义的区别吗？由以上原因可以知道，世上的君子对正义与不义的判断是混乱的。

【原文】

　　今有一人，入人园圃①，窃其桃李。众闻则非之，上为政者得则罚之。此何也？以亏人自利也。至攘②人犬豕③鸡豚者，其不义，又甚入人园圃窃桃李。是何故也？以亏人愈多，其不仁兹甚，罪益厚。至入人栏厩④，取人马牛者，其不仁义，又甚攘人犬豕鸡豚。此何故也？以其亏人愈多。苟亏人愈多，其不仁兹甚，罪益厚。至杀不辜⑤人也，拖其衣裘，取戈⑥剑者，其不义，又甚入人栏厩，取人马牛。此何故也？以其亏人愈多。苟亏人愈多，其不仁兹甚矣，罪益厚。当此天下之君子，皆知而非之，谓之不义。

　　今至大为不义攻国，则弗知非⑦，从而誉之，谓之义。此可谓知义与不义之别乎？杀一人谓之不义，必有一死罪矣。若以此说往，杀十人十重不义，必有十死罪矣；杀百人百重不义，必有百死罪矣。当此天下之君子，皆知而非之，谓之不义。今至大为不义攻国，则弗知非，从而誉之，谓之义。情不知其不义也，故书其言以遗后世。若知其不义也，夫奚说书其不义，以遗后世哉？今有人于此，少见黑曰黑，多见黑曰白，则以此人不知白黑之辨矣。少尝苦曰苦，多尝苦曰甘，则必以此人为不知甘苦之辨矣。今少为非，则知而非之，大为非攻国，则不知非，从而誉之，谓之义。此可谓知义与不义之辨乎？是以知天下之君子也，辨义与不义之乱也。

【注释】

①园圃："园"和"圃"都是种植果树或野菜的田地。　②攘：盗取。　③豕：指猪或猪类。　④栏厩："栏"是防止牛马逃走的横木。"厩"是饲养牛马的棚子。　⑤不辜："辜"是罪的意思，"不辜"指无罪的人。　⑥戈："戈"是一种攻击用的武器，长柄，尖端有横向的刀刃。　⑦弗知非：旧本作"弗之而非"，从王念孙《读书杂志》改为"弗知非"。后文"……攻国，则弗知非"同。

【解说】战争是最大的犯罪

非攻论对攻击、侵略其他国家的行为持批评态度。在论述时，《非攻上》篇首先定义犯罪，认为犯罪就是为了自己获利而损害他人的行为。而根据这一定义，侵略战争就是由国家进行的犯罪，把对外战争定位为偷窃、抢夺、杀人等个人犯罪的进一步延伸。这样，侵略战争作为犯罪，就是与偷窃、抢夺、杀人完全同质的行为。而从对他人造成的损害程度来看，侵略战争远远超越偷窃、抢夺、杀人，是最大最恶的犯罪行为。而世上的君子们，对个人的犯罪行为严加纠正，却对作为国家犯罪的对外战争毫无批评。不仅如此，他们还在"义战"的名义下美化侵略，连连称赞。墨子尖锐地指出了这种矛盾。

在《非攻上》篇中，批判的对象"天下之君子"并不是笼统地指普通知识分子。春秋时期，基于周的分封制度，各国内部分为诸侯—卿—大夫—士—平民的身份阶层。其中，士以上的阶层平时以统治者的身份管理人民，而战时则以战士的身份乘战车参加战斗。到了春秋后期，这种军事制度逐渐瓦解，下级的士和平民也开始作为步兵参军，但策划战争、指挥军队的，仍然是士以上的阶层，也就是卿、大夫等贵族。而这种军事特权，则是他们管理人民的重要保障之一。

墨子所谓的"天下之君子"，正是指这种身份阶级的人。这些君子是战争中的主角，他们当然会从自己的立场上正当化、美化战争。开战之前，他们会大力宣传敌国的不义，宣扬自己的国家才是占据大义名分的一方。而战胜后，他们会在青铜器、石盘、竹简、丝帛上骄傲地记下辉煌的战果。

战争是君子身份的证明，君子美化对外战争，这种行为深深植根于当时的身份秩序、社会制度中，此时，墨子从理论上做出的犯罪证明，不仅在事理上，而且在生活实感上，都很难获得他人赞同。在这一点上，《非攻上》篇的理论能尖锐明快地揭露问题的本质，固然是其优点，但这一理论的普遍性和纯粹性，也使得它在君子们面前缺乏一些现实的说服力，因为君子的身份和思考范围先天地受到制约。

《韩非子·外储说左上》篇记载，楚王对墨家学者田鸠说："墨子者显学也。其身体（实践）则可，其言多而不辩，何也？"据此，在战国时期，墨子文章的朴拙似乎已经是天下闻名了。诚然，墨子的文章确实像楚王指出的那样，缺乏必要的文字游戏和精妙的表达技巧，只是不断生硬地陈述理论。而且论述的过程也毫无省略，执着地重复同样的语句，哪怕是理解力最差的人，也力求将其说服，这就让读者感到厌倦。这种特点，在《非攻上》篇的文字中得到了毫无保留的呈现。

假如作者和读者都已经有较高的水准，在此前提下，若能有意压缩表达，使文章通达简明，就能使读者凭自己优秀的感知能力填补理论的留白，从而获得阅读的喜悦，还能让读者感到，自己与作者具有同等的知识水平，从而获得自我满足。这样的文章，才会被读者称赞为名作。而墨子这样繁琐絮叨地彻底说明，其实将读者的理解能力预设得很低，所以文章读起来啰嗦冗长，难免败兴。

田鸠对楚王辩护说，我们墨子担心"人怀其文，忘其直，以文害用"，因而抛弃了修饰和技巧，在写作中始终坚持追求实用性，这才造成文章冗长，不够雄辩。墨子的目的可能确实如此。这固然体现了墨子追求实用、简约质朴的精神。但是也应该说，《墨子》的文字不够圆润，确实是它在近代以前缺少读者的重要原因之一吧。

第五章　非攻下

　　前一章的《非攻上》篇，全文非常短，有人怀疑它只是原文的部分残留。所以，为了从更广泛的视角来介绍非攻论的意图，本章节选下篇的一部分来翻译，这部分论述了对外战争的惨相和非攻的论据。

认识到侵略战争的惨状

　　（古代的圣王尊重上天、鬼神和人类的利益，但是）现在的王公大人、当世的诸侯却并非如此。他们都一定要筛选出精锐部队的士兵，编排好水军或战车组成的部队，给士兵装备坚固的盔甲和锐利的武器，前去进攻无罪的国家。首先侵入敌国的国境，割取田地里的农作物，砍伐村落里的树木。（继续前进，就）破坏都市的城墙，（用城墙的瓦砾来）填埋护城的河沟。抢掠并杀戮家畜，烧毁祖庙。随处斩杀男人，颠覆女人、孩子和老人的生活，抢夺用于祭祀的宝物当作战利品。（指挥官们）督促军队整肃地前进，果断地战斗，宣告说："忠实地执行命令而战死，这种人的军功是第一等的；大量斩杀敌人是第二等；奋战到负伤是最下等的。脱离军队而战败逃跑，这种人毫无疑问要立刻处以死刑！"以此来恐吓本国的士兵。他们像这样兼并他国，歼灭军队，残害虐杀万民，轻易破坏古代圣人建立起来的秩序。

思考一下，他们采用这样的手段，是为了上天的利益吗？像驱使自己的所有物一样驱使天帝的人民，攻占天帝所建立的的都市，杀害天帝所拥有的人民，毁坏神灵所依附的神位，破坏（为天帝生产贡品的）耕地和祭祀农神的社，掠夺并杀戮献给天帝众神的牲畜，从上天来看，这种行为绝不能说是为了天帝的利益。那么再思考一下，他们采用这样的手段，是为了鬼神的利益吗？杀害天帝所拥有的人民，灭绝了祭祀（死者灵魂化作的）鬼神的祭主，断绝一个国家历代国君的祭祀，大量残害虐杀男人，使残存的女人、孩子、老人流离失所，从天地中间的鬼神来看，这种（使祭祀再也无法恢复的）行为，绝不能说是为了鬼神的利益。他们为什么采用这样的手段，是为了人民的利益吗？杀害天帝所拥有的人民，这绝不能说是为了人民的利益。更何况，考虑到对外战争的军费，这笔费用会损害民生的根本，耗尽天下百姓的财富，这种事情数不胜数。无论怎么说，从下方的人民来看，这种行为并不是为了他们的利益。

现在，那些频繁举兵、损害（上天、鬼神、人民）各方利益的人，都这样宣扬说：将军如果不勇猛，精锐部队的士气就不能高涨；武器如果不锐利，士兵就无法熟练掌握军事训练的内容；兵力如果不充足，各部队的作战就无法整肃和谐；军队如果没有压制敌人的强大威慑力，后勤补给如果不能支持军队长期包围敌人的城市，和敌军争夺战略重地时如果行动不迅速，封锁敌军行动的军力如果不强，给士兵灌输的斗志如果不昂扬，同盟国的国君就会犹豫，是否要继续与本国合作。结成同盟关系的诸侯国一旦开始动摇，敌人就可以趁机谋划新的策略，而本国的军队不得不苦于应对而举步维艰。

如果一国的国君已经准备好以上条件，发起了攻打别国的侵略战争，那么国家就会完全丧失正常的秩序，人民会完全放弃自己的本职。试着思考一下使国家陷入这种状况的原因。热衷侵略的国家，要在国内建立用于侵略的军队，需要培养的部队指挥官和驾驭战车的士兵就有数百人，监督士兵、负责管理的军官就有数千人，步兵和杂役的数量更是要达到几十万人。动员了这样数量庞大的人力后，才开始组织远征军，对外开战。而战争长则数年，短则数月，在此期间军队都不能解散。这样，执政者就无暇管理内政，担任官吏的士也无暇充实财政，农民无暇从事农业生产，妇女无暇纺线织布。这种情况，如前所述，国家就会丧失正常的秩序，各行各业的人民也不能从事本职。再进一步，远征途中后勤部队的消耗以及帐篷帷幕、军粮武器等装备，其中的五分之一如果能运送到前线，就已经可以看作是超乎预期的良好状况了。进一步讲，远征途中兵力损耗，战线拉长，军粮补给难以持续，温饱无法保障，从而使从军的杂役因寒冷饥饿而患病倒下，大量横死在路边沟壑之中——这种行为对人民利益的伤害程度最为严重，会使全天下都蒙受极大的损害。然而王公大人仍乐于不断发动对外战争，这样的行为，相当于以杀害、毁灭天下的人民为乐，这难道不是违背道义的吗！

【原文】

今王公大人、天下之诸侯则不然。将必皆差论①其爪牙②之士，比列③其舟车之卒伍④，于此为坚甲⑤利兵⑥，以往攻伐无罪之国。入其国家边境，芟刈⑦其禾稼⑧，斩其树木，堕其城郭，以湮⑨其沟池，攘杀⑩其牲牷⑪，燔溃⑫其祖庙，劲杀⑬其万民，覆⑭其老弱，迁其重器。率进⑮而极⑯乎斗，曰："死命为上，多杀次之，身伤者为下，又况失列⑰北桡⑱乎哉，罪死无赦⑲！"以惮⑳其众。夫无㉑兼国覆军，贼虐万民，以乱圣人之绪㉒。

意将以为利天乎？夫取天之人，以攻天之邑，刺杀天民，剥振神位㉓，倾覆社稷，攘杀牺牲，则此上不中天之利矣。意

54

将以为利鬼乎？夫杀天之人，灭鬼神之主㉔，废灭先王，贼虐百民，百姓离散，则此中不中鬼之利矣。意将以为利人乎？夫杀天之人，为利人也薄矣。又计其费，此为害生之本，竭天下百姓之财用，不可胜数也，则此下不中人之利矣。

今夫师者之相为不利者也，曰：将不勇，士不忿，兵不利，教不习，师不众，率不和，威不圉，围之㉕不久，争之不疾，系之㉖不强，植心不坚，与国诸侯疑。与国诸侯疑，则敌生虑而意赢㉗矣。偏具此物而致从事焉，则是国家失率㉘，而百姓易务也。今不尝观其说。好攻伐之国，若使中兴师，君子㉙数百，庶人㉚也必且数千，徒倍㉛十万。然后足以师而动矣。久者数岁，速者数月。是上不暇听治，士不暇治其官府，农夫不暇稼穑㉜，妇人不暇纺绩织纴㉝，则是国家失率，而百姓易务也。然而又与其车马之罢弊也，幔幕帷盖㉞，三军之用，甲兵之备，五分而得其一，则犹为厚余矣。然而又与其散亡道路，道路辽远，粮食不继傺㉟，食饮不时，厮役㊱以此饥寒冻馁㊲疾病，而转死沟壑㊳之中者，不可胜计也。此其为不利于人也，天下之害厚矣。而王公大人乐而行之，则此乐贼灭天下之万民也，岂不悖㊴哉！

【注释】

①差论："差"意思是设置区别，"差论"是指考察战斗技

术的差别从而选拔和配置兵员。 ②爪牙：像爪子和牙齿一样，作为尖兵攻打敌人的精锐部队。 ③比列："比"是并列，是使之整肃连贯的意思。 ④卒伍："卒"本来是百人编制的军队，"伍"本来指五人编制的军队单位，此处表示一般的军队。 ⑤坚甲："甲"并非头盔，而是指盔甲。古代中国士兵的盔甲，通常由涂了漆或胶的皮革制成。 ⑥利兵："利"是尖锐、锐利的意思。"兵"是武器。 ⑦芟刈："芟"是割草的意思。 ⑧禾稼："禾"可以作谷类的总称，但这里主要指谷物的茎。"稼"指结穗的谷物。 ⑨湮：埋没。 ⑩攘杀："攘"是偷窃、掠夺的意思。 ⑪牲牷："牲"是作为牺牲供奉给神的家畜。"牷"指毛色一致的用作牺牲的牛。 ⑫燔溃："燔"是烧毁。"溃"是毁坏。 ⑬劲杀：此处的"劲"与"刭"同，指用刀剑斩首。 ⑭覆："覆"是毁灭、推倒的意思。这里是指将老人和孩子的生存基础从根本上推翻。 ⑮率进：旧本作"卒进"，据笔者个人意见改。此处的"率"表示各部队一丝不乱，整肃地前进。 ⑯极：旧本作"柱"，据戴望说改为"极"。"极"通"亟"，是迅速的意思。 ⑰失列：旧本作"先列"，据孙诒让《墨子间诂》改"先"为"失"。 ⑱北桡："北"是指背向敌人，败走、逃跑的意思。"桡"是扰乱、分散的意思，指部队四散奔逃。 ⑲无赦：旧本作"无杀"，据《墨子间诂》改"杀"为"赦"。 ⑳惮：指震怒、威胁、恐吓。　　㉑夫无："夫"和"无"都是发语词。　　㉒圣人之绪："绪"可以理解为事业，但此处取道理、系统的意思，理解为秩序。　　㉓神位：神灵从天而降时，所依附的木质牌位。　　㉔鬼神之主：向死者灵魂化为的鬼神供奉食物的主体，也就是祭祀祖先神灵的后代子孙。　　㉕围之：旧本作"害之"，《墨子间诂》认为是字形相近而讹误，据此改。　　㉖系之：旧本作"孙之"，据《墨子间诂》改。此处的"系"是联系、束缚的意思，"系之"是约束敌军，阻止其自由移动。以上三句的"之"都指敌军。　　㉗羸：衰弱、疲劳的意思。　　㉘失率：旧本作"失卒"，据吴毓江《墨子校注》，绵眇阁本作"失率"，今据此改。此处的"率"是纪律、秩序的意思。　　㉙君子：平时靠采邑、俸禄生活的职业军人，是国君养的精锐部队，或者担当水兵或战车兵等需要特殊技能的兵种，或者作为将校指挥部队，构成军队的核心。旧本此下脱"数百"，据《墨子间诂》补。　　㉚庶人：也叫"诸御"，指国君派遣到各部队的官吏，他们负责督战，担任指挥。　　㉛徒倍："徒"指从普通农民中招募的步兵。"倍"与"卑"同义，指地位卑贱的随军杂役。　　㉜稼穑："稼"是种植，"穑"是收获。　　㉝织纴："织"和"纴"都是用织布机织布。　　㉞幔幕帷盖："幔"是四面包围的幕布。"幕"是从上方覆盖的帐篷。"帷"是指遮住一面的幕布。"盖"是遮蔽阳光风雨的伞。　　㉟继傺："傺"是居住、停留的意思，但这里通"际"，是接续的意思。　㊱斮役：旧本作"厕役"，据王念孙说改。"斮役"是随军的杂役，负责砍柴取水、做饭扎营、管理牲畜、运送物资等。　㊲冻馁："冻"是寒冷，"馁"是饥饿。　㊳沟壑：都是指水沟或河渠。　㊴悖：是违背事理、混乱、错误的意思。

【解说】征服和灭亡的轮回

本章的这部分细致描写了国家被侵略时国内人民的悲惨命运，以及侵略者一方的国内人民的凄惨生活，是较罕见的记载。正如《孙子·作战》篇记载的那样："粮不三载，取用于国，因粮于敌，故军食可足也"，"智将务食于敌，食敌一钟，当吾二十钟，萁秆一石，当吾二十石"，进行侵略的国家往往挑选农作物收获的季节发动进攻，从而分出兵力收取谷物，在当地取得粮草。武力弱小的边邑居民，只能眼睁睁地看着这种情况却束手无策。而且，城市中还有居民珍视的社庙，在华北的干燥地区，森林更是重要的财产，侵略军将其大肆采伐，用作燃料或攻城器具；又毁坏城墙，用那些瓦砾填满护城河；肆意屠杀家畜作为军粮；纵火把作为国家精神支柱的祖庙烧成灰烬；屠杀男人，令女人、孩子和老人失去家中的顶梁柱，不得不流离失所；最后，侵略军还将该国祖庙中代代相传的祭器夺走，破坏祖先神灵降临时栖息的神主，使这个国家再也无法恢复祭祀，然后才胜利而归。至此，遭受侵略的国家就化为一片废墟。"古者天子之始封诸侯也，万有余，今以并国之故，万国有余皆灭，而（齐、晋、楚、越）四国[1]独立。"（《非攻下》篇）从春秋到战国，无数小国都难逃这样悲惨的命运，被大国消灭吞并。

另一方面，进行侵略的国家，等待其人民的，是比前者有过之而无不及的悲惨命运。正如《孙子·用间》篇所说："凡兴师十万，出征千里，百姓之费，公家之奉，日费千金；内外骚动，怠于道路，不得操事者七十万家"，发动一次远征，需要为了补充兵源而多次征兵，造成国内劳动力枯竭；而沉重的军费压力，也转化为繁重的税收和徭役负担，落在人民肩上。这样劳民伤财的战时体制持续数年，国内已经十分疲敝。而出征的士兵，则像《孙子·作战》篇记载的"远师远输则百姓贫[2]。……公家之费，破车罢马，甲胄矢弓，戟盾矛橹，丘牛大车，十去其六"，由于补给不足，他们在行军途中冻死、饿死、病死，路边的沟壑中尸体堆叠，情状凄惨。特别是那些厮役，他们负责运送补给物资、做饭扎营、照顾马匹、修补武器，但由于并非一级战斗部队，他们的补给更加贫乏，一旦供应出现困难，他们的补给会首先遭到削减，最后悲惨死去。而战斗部

---

1 《墨子·非攻下》篇在此句之前有文："今天下好战之国，齐、晋、楚、越。"
2 所引汉文训读文如此。原文为："国之贫于师者远输，远输则百姓贫"。

队的士兵们，如果在杀戮时犹豫不决或败逃，都会受到军令的严苛处罚。

墨家细致地描写了这种对外战争的惨状，认为这正是"亏人自利"的极致，应当停止。

在这里，墨家又指出，对外战争是违背天帝意志的行为，将非攻论的依据归结到上天的意志。《非攻下》篇说"取天之人，以攻天之邑""刺杀天民"，认为所有的人民和城市都是上天的所有物，受天管辖。而这种思考也体现在"夫天之兼有天下也，亦犹君之有四境之内也"（《鲁问》篇），"今天下无大小国，皆天之邑也"（《法仪》篇），以及"古者上帝、鬼神之建设国都，立正长"（《尚同中》篇）等，是墨家一贯的主张。

也就是说，墨家认为，是天帝而非人类建立了天下的城市，并让人民居住于此。天帝进一步任命了负责保护人民的天子，夏、商、周三代的圣王都忠实地执行天的意志，分封天下的诸侯，并设置了保障他们的天下秩序，也就是分封制度。所以，某些特定的大国不断消灭、吞并当初分封的"万有余"的诸侯国（《非攻下》篇），恰恰是违背天帝和历代圣王意志的行为。据此可以知道，墨家倡导非攻的真实意图，在于消除侵略战争引起的悲惨灾难，以及维持分封制度，确保世界的恒久和平。

《非攻上》篇强调战争是最大的犯罪，是一种直线型的逻辑。与此不同,《非攻中》篇和《非攻下》篇的格局发生了变化,将"饰攻战者""好攻伐之君"[1]作为论辩的对手,试图从各种角度说明,对外战争是一项不合算的事业。然而,侵略国国君已经通过战争,使领土扩大了几十倍,人口增加了几十倍,国家也实现了富强。对他们来说,这种利益诱导型的劝说,其说服力始终很弱。

"此乐贼灭天下之万民也"(《非攻下》篇),墨家这种悲痛的呼号,最终没能使侵略战争从世界上消失。其后的人类正如"争斗之所自来者久矣,不可禁,不可止"(《吕氏春秋·荡兵》篇)所预言的那样,直到今天,仍然热衷于发动对外战争。尽管墨家明快的理论充满了对人类的大爱和智慧的光芒,我们却能感受到,它仍然无法对抗人类内心那神秘的黑暗,并最终被其吞噬。

---

1 《墨子·非攻中》篇多次出现"饰攻战者言曰"。《非攻下》篇多次出现"好攻伐之君"。

第六章　节用上

节用论现存上篇和中篇，下篇已佚。本章翻译上篇全文。

节约资源，财富倍增

圣人在一国之内施政时，能够使国家的利益倍增。如果把这种政策推广到全天下，就能使天下的利益倍增。圣人的政策能够像这样使天下的利益倍增，绝不是依靠向外扩张领土，而是凭借自己国家的力量，取消无意义的浪费行为，这样就足够使利益倍增。圣王施行政策、发布命令、兴办事业、使役人民、利用财富时，如果不能增加实用性的利益，就不去做。所以就不会浪费财富物资，不会让人民的生产力疲敝，因而能够在各个领域创造利益。

衣服究竟是为什么目的而制作的呢？是为了冬天防寒，夏天避暑。制作衣服的原则就是冬天保温，夏天清凉。（所以圣人）会废除那些华丽却不实用、不便利的衣服。房屋是为什么目的而建筑的呢？是为了冬天抵御大风和寒冷，夏天抵御暑热和暴雨；盗贼来袭时，增加坚固的防御，让他们无法入侵。（所以圣人）会废除那些华丽却不实用的房屋。盔甲、盾牌和五种武器，是为什么目的而制造的呢？是为了防御敌军、不法之徒和盗贼。如果敌军、暴徒或者盗贼入侵，装备了盔甲、盾牌和五种武器的人就能击退他们，没有装备的人就无法击退。所以古代的圣人才制作了盔甲、盾牌和五种武器。所有这些盔甲、盾牌和五种武器，制造它们的原则，就是轻巧尖锐、牢固不易折断等实用性。因此，华美但不实用的武器，就应该废除。船只和车辆是为什么目的而制作的呢？车辆是为了穿越山丘原野，船只是为了渡过河川溪谷，（运送物资和人力以便）与天下四方广泛通商，交换利益。所以华美但不实用的船只车辆，就应该废除。

圣人制造这些器物的时候，无一不是要给人类增加实际利益的。正是因此，才能不浪费制造这些器物的财富物资，不让生产力疲敝，并广泛创造新的利益。进一步来说，执政者不为个人嗜好而搜集珍珠宝石，饲养珍禽异兽、骏马猎犬，而是用这些费用来添置衣服、房屋、盔甲盾牌、五种武器以及船只车辆等实用的东西，那么让这些东西数倍地增加，都不是不可能。

那么，什么东西实现倍增才是困难的呢？答案是人口的数量。尽管如此，也并非没有办法让人口倍增。在古代，圣王设立规则，教诲人民，说："男人不能二十岁还没有独立成家，女人不能十五岁还没有嫁人从夫。"这就是圣王定下的规范。但圣王离世之后，人民开始按照自己的想法结婚。想要早点离开双亲建立家庭的人，有的二十岁就成家了。而与之相对，想要晚婚的人，有的甚至四十岁之后才成家。把这些早婚和晚婚的人平均一下（就是三十岁），男人结婚就（比圣王规定的二十岁）迟了十年。如果妻子每三年怀孕一次，算下来（二十岁结婚的人）在这十年中就会多生两三个孩子。这难道不就说明，让人民（比现在的平均水平）早十年结婚成家，就是使国家人口倍增的方法？而且让人口倍增的方法不止如此。如今天下的统治者实施的许多政策，都是让人口减少的政策。执政者给人民施加过于繁重的劳役，收取重税。所以人民的积蓄耗尽，冻死饿死的人数众多。而且统治者还肆意举兵征伐，频繁地侵略邻近各国。

（军队从远征到回国）长则一整年，短的也要几个月。夫妇就会长期分离。这正是让人口减少的原因。而且扎营行军，士兵疲劳；（补给不足又急于行军造成）饮食不规律，士兵生病乃至死亡；突击城门、放射火炮都很危险，进攻城池和野外会战中因战死而损失的人口，数量非常庞大。这样看来，现在统治者实施的政策让人口减少，（这并非偶然，而是）这种政策带来的必然结果吧。圣人统治时，绝不会采取这样的方法。圣人的统治手段让人口增加，这也（并非偶然，而是）这种政

64

策带来的必然结果吧。正是因此，墨子才说：节约对实际利益
没有用处的冗余费用，这乃是圣王采取的政策，能给天下带来
巨大的利益。

【原文】

　　圣人为政一国，一国可倍也；大之为政天下，天下可倍
也。其倍之，非外取地也。因其国家，去其无用之费①，足以
倍之。圣王为政，其发令兴事使民用财也，无不加用而为者。
是故用财不费，民德②不劳，其兴利多矣。其为衣裘，何以为？
冬以圉③寒，夏以圉暑。凡为衣裘之道，冬加温，夏加清④者，
鲜且⑤不加者去之。其为宫室，何以为？冬以圉风寒，夏以圉
暑雨，有盗贼加固者，鲜且不加者去之。其为甲盾五兵⑥，何
以为？以圉寇乱盗贼。若有寇乱盗贼，有甲盾五兵者胜，无者
不胜。是故圣人作为甲盾五兵。凡为甲盾五兵之道，加轻以利、
坚而难折者，鲜且不加者去之。其为舟车，何以为？车以行陵
陆，舟以行川谷，以通四方之利。凡为舟车之道，加轻以利者，
鲜且不加者去之。凡其为此物也，无不加用而为者。是故用财
不费，民德不劳，其兴利多矣。有去大人之好聚珠玉鸟兽犬马，
以益衣裘宫室甲盾五兵舟车之数，于数倍乎，若则不难。

　　故孰为难倍？唯人为难倍。然人有可倍也。昔者圣王为
法，曰："丈夫年二十，毋敢不处家。女子年十五，毋敢不事

人⑦。"此圣王之法也。圣王既没，于民次⑧也。其欲蚤处家者，有所二十年处家。其欲晚处家者，有所四十年处家。以其蚤与其晚相践⑨，后圣王之法十年。若纯三年⑩而字，子生可以二三人矣。此不唯使民蚤处家，而可以倍与？且不然已。今天下为政者，其所以寡人之道多。其使民劳，其籍敛⑪厚。民财不足，冻饿死者，不可胜数也。且大人唯毋兴师以攻伐邻国。久者终年，速者数月，男女久不相见。此所以寡人之道也。与居处不安、饮食不时、作疾病死者，有与侵就橐⑫、攻城野战死者，不可胜数。此不今为政者所以寡人之道数术而起与？圣人为政特无此。此不圣人为政，其所以众人之道亦数术⑬而起与？故子墨子曰：去无用之费，圣王之道，天下之大利也。

【注释】

①无用之费：旧本脱"用之费"三字，据王念孙《读书杂志》说补。　②民德：人民在各自的领域中创造财富的能力。人民通过这种能力惠及彼此，所以用"德"来表示。　③圉：通"御"，防御的意思。　④清：此处的"清"与"凉"同义。　⑤鲜且：以下四处"鲜且"，旧本均作"芊珇"，其义不明。此处从俞樾《诸子平议》说，均改为"鲜且"。"鲜"是鲜艳美丽，"且"是短暂的意思，两者合

起来，指徒有华丽的外表。　　⑥五兵："五兵"的内容，根据战车兵、步兵等兵种的不同而有区别，并不确定。根据《司马法·定爵》篇，指的是弓矢、殳、矛、戈、戟这五种当时步兵携带的标准武器[1]。　　⑦事人："事"是服侍的意思，这里是指女性嫁人后服侍丈夫。　　⑧次：这里与"恣"同，是任性、按自己的想法去做的意思。　　⑨践：踏着前人的足迹前进，在这个意思上与"齐"相通。这里指裁去多出的部分，使之处于同一水平线上。　　⑩纯三年：此处的"纯"与"皆"同义，是没有欠缺、完整、全部的意思。　　⑪籍敛："籍"是在账簿上记载人数和财产，以催缴相应的税收。"敛"是收集、征收的意思。　　⑫偃囊："囊"是人力送风的风箱。"偃囊"指的是一种攻城武器，在推车上横向搭载烟囱状的炮筒，其中塞满柴草和油脂，通过炮筒后部的风箱点火发射，以烧毁敌人的防御设施。《备穴》篇有"伏囊"[2]，如果"伏"取横向倒伏的意思，此处的"偃"就很可能与"偃"同义，指倒伏、横向放置。此外，如果把"伏"解作隐匿的意思，"偃"就也可能与"掩"同义，是用伞盖遮蔽的意思。还有，如果把"伏"看作士兵操纵这种武器时的姿势，"偃"也可

1　见《司马法·定爵》篇："顺天、阜财、怿众、利地、右兵，是谓五虑。……右兵，弓矢御、殳矛守、戈戟助。凡五兵五当，长以卫短，短以救长"。
2　"伏囊"一词当见《韩非子·八说》篇。原文："摺箙干戚，不适有方铁铦；登降周旋，不逮日中奏百；《狸首》射侯，不当强弩趋发；干城距冲，不若埋穴伏囊。"

以看作与"援"同义，是前屈以牵引的意思。无论如何，士兵牵引推车向栅栏、城楼、城门突进，此时他们紧靠"偎囊"，很容易被城墙上防御的箭矢、石块集中攻击，伤亡率应该极高。 ⑬ 数术：此处的"数"与"理"同义，"数术"指的是，从手段到目的、从原因到结果所需要的、理据明确而关系稳定的技术。

【解说】不依靠侵略来富国

兼爱论要求人们抑制牺牲他人利益而为自己谋利的欲望。那么，墨家是不是完全否定了人类追求财富的欲望呢？当然不是。墨家是认为损害他人来追求自己的利益，最后会反过来对自己造成损害。但是，舍弃眼前的小利，避免今后的大害，这种行为背后的态度仍然是支持追求利益。不过避免损害只是一种间接保全利益的方法，却不能直接增加财富。

与之相对，节用篇说"一国（之富）可倍也"（上篇），论述如何直接使财富倍增。只不过墨家坚持"其倍之，非外取地"（上篇），倍增财富的手段并非吞并别国——论述的大前提设定在这一点之上。在《节用上》篇的后半部分，墨子还多次要求停止进攻他国，从这里出发来考虑可以明确地看出，节用论与非攻论之间有着密切的关联。

那么，不依靠侵略和吞并来增加财富，究竟是否可行呢？

墨家提出"因其国家，去其无用之费，足以倍之"（上篇）。这就是说，通过节约无用的消费，可以增加实用的财富。不过，虽然墨家倡导节俭，但百姓阶层本无穷奢极欲的资本，所以这基本上是对统治阶层提出的要求。墨家认为，统治者驱使人民从事劳役，向各家各户分配生产任务和催缴税收，命令人民制造衣服、房屋、武器、船只车辆，在这些时候，应该只讲求实用性，废除一切装饰性，目的是避免消耗国家的财富，不使人民的生产能力疲敝。这样的话，在生产总量相同的情况下，以前花费在装饰上的财富，就可以成为国家和人民双方的积蓄。由此更进一步，统治阶层也放弃嗜好，不再搜集奇珍异宝、珍禽异兽、猎犬骏马，而把这些费用转投到实用性产品的生产中，这样，实用性财富的数量当然会数倍增加。总之，国家财富能否倍增，关键就在于一点，即统治者能否抑制自己追求奢侈的欲望。

但是，墨家这里所谓的国家财富倍增，不过是废除装饰性产品和奢侈品生产，以此倍增实用性产品的数量而已，而并非不论用途，让财富的绝对总量本身获得倍增。也就是说，这是让财富的性质从奢侈、装饰向实用性功能转换，财富总量本身并未扩大，所以，尽管说是让国家财富倍增，但是对于国家财富总量的提高，墨家似乎默认其有一定的限度。

节用论中，唯一可以看作是扩大财富总量的方法的，就是鼓励早婚和停止对外战争，希望以此来增加人口数量。墨家把人类看作生产财富的劳动力，所以人口的增加可以直接与财富产量的增加联系起来。《韩非子·五蠹》篇就指出，古代的情况是"人民少而财有余，故民不争"，而与之相反，现代则是"人民众而货财寡，事力劳而供养薄，故民争"的状况，也就是说，人类的存在必然伴随着消耗财富的一面，而且生产量的增加率也很难赶上人口的增长率。因此，墨家的主张是否真的能如愿，人口的增长能否直接导致财富绝对总量的增加，这还是非常值得怀疑的。

那么就可以看出，节用论在整体上，与其说是追求财富绝对总量的增加，不如说是追求财富的性质转换，其实论述的是一种消极的经济政策。

墨家如此主张节俭，提倡消极的经济政策，这种观点的背后，有着这样的认识背景：现在的财富绝对总量不足，很难保证人民的生存，而且将来生产的财富总量也有限制。在这样的基本条件制约之下，如果各国试图倍增自己的财富绝对总量，其手段就只能是侵略他国、吸收他国财富。这才是墨家最为恐惧的结果。如果是这样，那么节用论提倡一种消极的经济政策，试图通过节俭来让自己国内的财富倍增，也就是必然的了。

与墨家的这种节用论相对，《荀子·富国》篇则说"墨子之节用也，则使天下贫"，批判了墨子思想的消极性。这种批评源于他们自身的危机感：儒家学者秉持"不美不饰之不足以一民"（同上），即自己不直接从事财富生产，美化修饰文辞礼仪，并以此为事业；而按照墨家的经济观，贤人也必须要"上功劳苦，与百姓均事业"（同上），这样的话，儒家学者就会失去存在的意义。

这种对立的背后，其实是两者对财富生产的认识不同，这种认识差异起了决定性作用。荀子说："夫天地之生万物也，固有余足以食人矣。麻葛茧丝，鸟兽之羽毛齿革也，固有余足以衣人矣。夫有余不足，非天下之公患也。特墨子之私忧过计也。"（同上）意思是说，节用论认为财富的绝对总量不足，这种观点只是墨子自己的多虑，完全是杞人忧天。这种面对天（自然）的乐观态度，以及对人类生产能力的信任，从根本上支持了著名的"天人之分"[1]，同时也表现为对墨家经济政策的激烈批评，认为这是"役夫之道"（《荀子·王霸》篇），"墨子蔽于用而不知文"（《荀子·解蔽》篇），指出墨家狭隘地强调实用性，是只重视节约的消极主义。

1　见《荀子·天论》篇，这是荀子的著名观点，认为自然客观存在，但人类可以认识并利用自然。《天论》篇原文说："天行有常，不为尧存，不为桀亡。应之以治则吉，应之以乱则凶。强本而节用，则天不能贫；养备而动时，则天不能病；修道而不贰，则天不能祸。故水旱不能使之饥，寒暑不能使之疾，祅怪不能使之凶。本荒而用侈，则天不能使之富；养略而动罕，则天不能使之全；倍道而妄行，则天不能使之吉。故水旱未至而饥，寒暑未薄而疾，祅怪未至而凶。受时与治世同，而殃祸与治世异，不可以怨天，其道然也。故明于天人之分，则可谓至人矣。"

第七章　节葬下

节葬论现仅存下篇，但篇幅颇长。本章节选部分描写了当时厚葬久丧的具体状况。

厚葬妨害生产

于是墨子说：那么，试着思考一下（厚葬久丧的是非和利害）吧。按照现在固执地坚持厚葬久丧的人的说法，国内举行葬礼时，一定要像下面这样做——具体来看，他们命令说：如果是王公大人的葬礼，内棺、外椁一定要有好几重，埋葬的时候一定要深埋在地下，厚厚地堆积墓土，死者的衣衾一定要层层叠叠，棺椁和衣服一定要布满雕刻和刺绣，墓冢一定要建得巨大。那么平民百姓死时，全部的家财都要耗尽了吧。诸侯死时，就要用尽武器库的装备和国库的财产，用黄金和珠宝装饰死者的身体，并以丝绵和丝缕串起它们，还要把战车和战马埋进墓穴。还一定要把（死者生前爱用的）帐幔帷幕、鼎和敦等青铜器、案几坐垫、水壶水盘、长戈宝剑、羽毛装饰的军旗、象牙兽皮等等，都收集起来放在墓室的床边埋葬，想要满足死者的心意。给死者送葬的队列浩浩荡荡，就仿佛整个王宫都直接搬过去了。而且（固执地坚持厚葬久丧的人）还像下面这样说：天子的葬礼，殉葬者的人数，多则数百，少则数十；卿大夫的葬礼，殉葬者的人数，多则数十，少则数人。

那么，服丧的方式又是怎么样的呢？久丧论者这样说：为死者而悲伤痛哭时，哭声应该此起彼伏，哭到痛不欲生，穿着粗糙的丧服，一直淌着眼泪，住在墓冢旁边简易的房屋里，用土块当枕头睡在草席上。还要故意不好好吃饭而饿着，故意不好好加衣而冻着，弄得脸颊消瘦眼窝凹陷，面无血色脸泛青黑，耳朵听不清眼睛看不清，手足瘦弱，竞相（把自己的身体）搞得没法支撑。他们还像下面这样说：（对于死去的国君或双亲，笃行忠义和孝道的）优秀的士子在服丧时，一定要弄到两边有人扶着才能站起来，拄着拐杖才能走路，并且要持续三年，把自己的身体奉献给死者。

如果认为这种主张是好的，并加以实践，让王公大人和君子长期服丧的话，他们肯定就无法从早到晚处理政务，指挥、监督各种官吏组织，推进开垦土地的事业，使政府的仓库存粮充足。而让农夫执行久丧的话，他们肯定就无法从早到晚花精力从事农耕和栽培。而让工匠执行久丧的话，他们肯定就无法制作、维修船只车辆，制作饮食器具。而让妇女执行久丧的话，他们肯定就无法从早到晚纺线织布了。像这样，详细地考量厚葬久丧的利害得失，就会发现，厚葬把人民生产的财富物资轻易地埋在了地下。而考量久丧的利害得失，久丧束缚了人们，使他们长期无法回到自己的工作中，辛辛苦苦生产出来的财富物资，就眼睁睁地看着它们被放在墓穴中埋葬，活着的人们又不能从事各种活动。用这种方法企图得到财富，打个比方，就好像禁止耕作却要求收获一样。厚葬久丧能够获得财富，这种主张实在无法成立。因此，想要通过厚葬久丧让国家富裕，是完全不可能的。

那么，想要通过厚葬久丧来增加人口，这种愿望有可能实现吗？这也是不可能的。假设现在完全采用厚葬久丧的政策。那么国君死去，臣子就要服丧三年。父母死去，儿子要服丧三年。妻子和嫡子死去，两者都要服丧三年。比这降一等，伯父、叔父、兄弟、庶子死去，各需要服丧一年。亲戚死去服丧五个月。姑母、姐姐、外甥、舅舅死去，也都规定要服丧数月。此外还规定，服丧的人必须损伤自己的身体，要弄得脸颊消瘦眼窝凹陷，面无血色脸泛青黑，耳朵听不清眼睛看不清，手足瘦弱，（把自己的身体）搞得没法维持。而且还规定，优秀的士子在服丧时，一定要弄到两边有人扶着才能站起来，拄着拐杖才能走路，要这样持续三年，把自己的身体奉献给死者。如果认为这种主张是对的，并实践这种方法，那么人人都会像前面说的那样饥饿困顿，冬天不耐寒，夏天不耐暑，生病死亡的人数不胜数。这就会长期妨害男女的交往。这样下去，如果还期待人口增加，打个比方，就好像让人背着长剑（做出勇士的样子）还想让他（在决斗中不丢掉性命而）长命百岁。厚葬久丧能够增加人口，这种主张实在无法成立。因此，想要通过厚葬久丧让人口增加，是完全不可能的。

那么，想要通过厚葬久丧来保障国内的治安，这种意图有可能成功吗？这种想法也是不可能的。假设现在完全采用厚葬久丧的方针，那么这个国家一定会陷入贫困，人口减少，治安恶化。如果遵从厚葬久丧的主张，实践这种做法，让统治阶层执行厚葬久丧，那么他们一定无法迅速地执行政务。如果让下层的人民施行厚葬久丧，那么他们就无法迅速地从事生产。如果统治者放弃政务，国内的治安一定会混乱。如果人民荒废生产，日用品一定会不足。如果日常生活的物资匮乏，那么弟弟即使向兄长提出要求，也无法（像以前那样）得到满足，那么本性不驯良的弟弟，必然会对兄长产生不满。儿子即使向父亲寻求帮助，也无法得到满足，那么本性不孝顺的儿子，必然会开始怨恨父亲。臣子即使向国君求取财物，也无法得到满足，那么本性不忠义的臣子，一定会企图报复国君。像这样，那些本性扭曲、素行不良的人，外出时得不到光鲜的衣服，回到家没有能吃的食物，这时他们就开始咒骂上级，想要反叛，心中充满这种愤怒的情绪，就与同伴相约一起，四处作恶。一旦出现这种情况，就很难一一禁止。

这样下去，随着盗贼的增加，善良的人民就逐渐减少。而盗贼增加，顺民减少，还期待国内秩序平稳，打个比方，就好像让人原地转三圈，（在别人头晕目眩地转完圈后）还要求他（面对着自己，姿态端正地站好，而）不能（失礼地）背对着自己一样。厚葬久丧能够保证治安，这种主张实在无法成立。因此，想要通过厚葬久丧来维持国内的治安，是完全不可能的。

那么，想要通过厚葬久丧来禁止大国侵略小国，这种意图有可能实现吗？这种想法也是不可能的。古代的圣王已经逝去，天下的正义缺失，诸侯依靠武力相互攻伐。现在，南方有楚国、越国这样好战的国王，北方有齐国、晋国这样强大的君主。这些国君们操练其麾下的精锐部队，以侵略吞并别国为业，觊觎天下。而即使是这样的大国，也不去攻击某个小国，这通常是因为，小国充分积蓄了军需物资和军粮，城郭修整齐备，统治者和人民齐心协力。正因为这样的状态，大国也（害怕受到巨大的损失）踌躇不前，不敢进攻小国。与之相反，没有积蓄足够的物资（以应对长期的包围战），城郭破绽百出，统治者和人民反目成仇，这时大国就会垂涎欲滴，向小国伸出魔爪。如今要是一味施行厚葬久丧的政策，必定会造成国家贫困、人口减少、治安恶化。

如果国家财政一旦贫弱，就意味着无法储备足够的物资来应对包围战。如果人口一旦减少，就意味着没有足够的人手来修补城郭壕沟。如果治安一旦恶化，就（会出现敌人的内奸，这）意味着出城攻击挑战会失败，入城防御也无法固守。这种情况下，还想禁止大国侵略小国，这根本就是不可能的想法。

那么，执行厚葬久丧来得到天帝和鬼神的赐福，这种意图有可能实现吗？这种想法也一样是不可能的。假设现在一味执行厚葬久丧，这个国家一定会贫困，人口必然会减少，治安绝对会混乱。如果一旦贫穷，就会导致供奉上帝和鬼神的谷物、神酒不精美。如果人口一旦减少，就会导致没有足够的人手来侍奉上帝和鬼神。而如果治安一旦恶化，结果就是祭祀上帝和鬼神的仪式无法按时举行。

如此轻视对天帝和鬼神的侍奉，这样统治国家，那么（即使是慈悲为怀的）上帝、鬼神，也有了叱责国君的理由，他们定会从天上鞭策国君，像下面这样谕告："有此人和无此人，哪种更好呢？对我们来说，有没有此人都是一样的啊。"那么，即使上帝和鬼神对国君降下处罚和灾难，离开大地而抛弃国君，又怎么能怨恨说这是不当的处罚呢？（这是必然的报应啊。）

由于上面这些理由，古代的圣王像下面这样制定了丧葬的规范：棺材的厚度止于三寸，其中的尸体不腐朽就够了。包裹尸体的衣服止于三层，能掩盖尸体腐烂的恶臭就够了。埋葬时的深度不及地下水深，上方堆积的墓土能阻止尸臭漏出地面就够了。墓冢的整体大小，达到三人并列犁耕的田亩那么大，就应该停止建造了。死者埋葬完毕之后，遗属不要长期服丧，应迅速地从事劳作。活着的人们应该在各自的行业中尽力工作，（由此产生的财富不是献给死者，而是让）活着的人们交换利益，惠及彼此。这才是圣王所制定的丧葬规范。

【原文】

故子墨子言曰：然则姑尝稽①之。今唯毋②法执厚葬久丧者言，以为事乎国家。此存乎王公大人有丧者，曰：棺椁③必重，葬埋必厚，衣衾必多，文绣必繁，丘陇④必巨；存乎匹夫贱人⑤死者，殆竭家室；存乎诸侯死者⑥，虚库府⑦，然后金玉珠玑⑧比乎身⑨，纶组⑩节约⑪，车马藏乎圹⑫，又必多为屋幕⑬、鼎毁⑭、几梴⑮、壶滥⑯、戈剑、羽旄⑰、齿革⑱，寝⑲而埋之，满意。送死若徙⑳，曰：天子杀殉，众者数百，寡者数十。将军大夫杀殉，众者数十，寡者数人。

处丧之法，将奈何哉？曰：哭泣不秩声翁㉑，缞绖㉒垂涕，处倚庐㉓，寝苫㉔枕凷㉕。又相率强不食而为饥，薄衣而为寒。使面目陷䫀㉖，颜色黧黑㉗，耳目不聪明，手足不劲强，不可用也。又曰：上士之操丧也，必扶而能起，杖而能行，以此共[28]三年。

若法若言，行若道，使王公大人士君子行此，则必不能蚤朝晏退，治五官六府[29]，辟草木，实仓廪。使农夫行此，则必不能蚤出夜入，耕稼树艺。使百工行此，则必不能修舟车，为器皿矣。使妇人行此，则必不能夙兴夜寐，纺绩织纴。细计厚葬，为多埋赋财[30]者也。计久丧，为久禁从事者。财以成者，扶[31]而埋之，后得生者，而久禁之。以此求富，此譬犹禁耕而求获也。富之说无可得焉。是故求以富国家，而既已不可矣。

欲以众人民，意者可邪？其说又不可矣。今唯无以厚葬久丧者为政。君死丧之三年，父母死丧之三年，妻与后子死者，伍皆[32]丧之三年。然后伯父[33]叔父[34]兄弟孽子[35]其[36]。族人[37]五月，姑姊[38]甥舅[39]皆有月数，则毁瘠[40]必有制矣。使面目陷陬，颜色黧黑，耳目不聪明，手足不劲强，不可用也。又曰：上士操丧也，必扶而能起，杖而能行，以此共三年。若法若言，行若道，苟其饥约[41]又若此矣。是故百姓冬不仞[42]寒，夏不仞暑，作疾病死者，不可胜计也。此其为败男女之交多矣。以此求众，譬犹使人负剑而求其寿也。众之说无可得焉。是故求以众人民，而既以不可矣。

欲以治刑政，意者可乎？其说又不可矣。今唯无以厚葬久丧者为政，国家必贫，人民必寡，刑政必乱。若法若言，行若道，使为上者行此，则不能听治。使为下者行此，则不能从事。上不听治，刑政必乱；下不从事，衣食之财必不足。若苟不足，为人弟者，求其兄而不得，不弟[43]弟必将怨其兄矣；为人子者，求其亲而不得，不孝子必且怨其亲矣；为人臣者，求之君而不得，不忠臣必且乱其上矣。是以僻淫邪行之民，出则无衣也，入则无食也，内积谋悖[44]，并为淫暴，而不可胜禁也。是故盗贼众而治者寡。夫众盗贼而寡治者，以此求治，譬犹使人三瞏[45]而毋负己也。治之说无可得焉。是故求以治刑政，而既已不可矣。

欲以禁止大国之攻小国也，意者可邪？其说又不可矣。是故昔者圣王既没，天下失义，诸侯力征。南有楚越之王，而北有齐晋之君，此皆砥砺[46]其卒伍，以攻伐并兼，为政于天下。是故凡大国之所以不攻小国者，积委[47]多，城郭修，上下调和，是故大国不耆[48]攻之。无积委，城郭不修，上下不调和，是故大国耆攻之。今唯无以厚葬久丧者为政，国家必贫，人民必寡，刑政必乱。若苟贫，是无以为积委也；若苟寡，是修城郭沟渠者寡；若苟乱，是出战不克，入守不固。此求禁止大国之攻小国也，而既已不可矣。

欲以干上帝鬼神之福，意者可邪？其说又不可矣。今唯无以厚葬久丧者为政，国家必贫，人民必寡，刑政必乱。若苟贫，是粢盛酒醴[49]不净洁也；若苟寡，是事上帝鬼神者寡也；

80

若苟乱，是祭祀不时度⑩也。今又禁止事上帝鬼神，为政若此，上帝鬼神始得从上撋⑪之曰："我有是人也，与无是人也，孰愈？"曰："我有是人也，与无是人也，无择也。"则唯上帝鬼神，降之罪厉⑫之祸罚而弃之，则岂不亦乃其所哉？

故古圣王，制为葬埋之法曰：棺三寸，足以朽体；衣衾三领，足以覆恶。以及其葬也，下毋及泉，上毋通臭，垄⑬若参耕之亩⑭则止矣。死者既以葬矣，生者必无久丧⑮而疾而从事。人为其所能，以交相利也。此圣王之法也。

【注释】

① 稽：此处的"稽"是考量的意思。　② 唯毋：旧本作"虽毋"，"虽"与"唯"古通用。"唯毋"是加强语气的虚词，在《墨子》中频繁出现，后文的"唯无"用法也相同。　③ 棺椁：二者都是指盛放尸体的灵柩，"棺"是内侧灵柩，"椁"是包在棺外面的外侧灵柩。旧本作"棺槨"，"槨"是"椁"的异体。　④ 丘陇：二者都是指小的高丘。此处指在地面上堆土建造的坟丘。　⑤ 匹夫贱人：此处都是指普通老百姓。《墨子》中的"贱人"都是这个意思，没有指比普通人地位低下的罪人、奴隶的用例。　⑥ 存乎诸侯死者：旧本脱"存"字，据毕沅以及于省吾《双剑誃墨子新证》之说补。　⑦ 库府：旧本作"车府"。据俞樾说改。　⑧ 珠

玑:"珠"是圆球形的珍珠,"玑"是不圆的宝玉。　⑨比乎身:旧本"比"作"北",据孙诒让《墨子间诂》改。　⑩纶组:"纶"和"絮"一样是丝绵,"组"和"绶"一样是丝带、丝绦。　⑪节约:此处的"节"和"约"都是捆绑、打结的意思。　⑫圹:与"阬"一样都指墓穴。　⑬屋幕:此处的"屋"同"幄",是覆盖上下和四周的幕布。　⑭鼎毁:旧本作"鼎鼓",但是不同类的两者并称,显得不合理。于省吾认为"毁"是"簋"的古字,讹误为字形相近的"鼓",此处从其说改。"毁"是盛放谷物的器皿。　⑮几梴:"几"是案几,"梴"和"筵"一样是铺在地面上的竹席。　⑯壶滥:"滥"同"鉴",是盛水的容器。　⑰羽旄:旗杆顶端装饰着鸟羽毛或牛尾毛的军旗。　⑱齿革:"齿"是象牙类,"革"是老虎、豹子、犀牛、水牛等的皮。　⑲寝:把各种器具挂在墙上、立在地上或陈列在台子上,指的是它们被放在墓室的地面上,而不是日常被使用的状态。　⑳送死若徙:旧本作"若送从",《公孟》篇有"送死若徙"[1],《墨子间诂》据此改,今从之。意思是送葬的队列带着丰厚的财物,仿佛要迁徙移居一样。　㉑声翕:"翕"与"合"同义,指大量、同时产生。此处指许多人一起齐声哭泣。　㉒缞绖:二者都

---

[1] 见《墨子·公孟》篇:"又厚葬久丧,重为棺椁,多为衣衾,送死若徙,三年哭泣,扶后起,杖后行,耳无闻,目无见,此足以丧天下。"

是服丧时穿的丧服。"缞"是胸前的布,"绖"是缠在头上和腰上的麻布。　㉓倚庐:父母死后,儿子服丧时临时居住的小屋。　㉔苫:孝子睡觉时铺的垫子,用草编成。　㉕凷:同"块",是土块的意思。　㉖陷隓:"陷"是凹陷下去。"隓"同"殰",是消瘦干枯的意思。　㉗黧黑:二者都表示黑色。　㉘共:同"供",是供奉、献上的意思。　㉙治五官六府:旧本脱"治"字,据《墨子间诂》说补。"五官"和"六府"的内容,据《礼记·曲礼下》篇的记载,"五官"是司徒、司马、司空、司士、司寇,"六府"是司土、司木、司水、司草、司器、司货[1]。但是缺乏记载其具体内容的其他资料,实际情况仍不明确。　㉚赋财:旧本作"赋之财",苏时学《墨子刊误》以"之"为衍文,据此删。"赋财"意思是向人民征收的物资财富。　㉛扶:同"匍",是横卧的意思。　㉜伍皆:旧本作"五皆","五"和"伍"古通用,此处取"伍"的意思,从于省吾说改。"伍"是一起、共同的意思。　㉝伯父:指父亲的兄长。　㉞叔父:指父亲的弟弟。　㉟孽子:嫡子以外的庶子。　㊱其:通"期",此处指服丧一年期间。　㊲族人:指有亲戚关系的一个宗族。　㊳姑姊:"姑"是父亲的姊妹。　㊴甥舅:"甥"指姊妹的儿子或女婿。

[1] 见《礼记·曲礼下》篇:"天子之五官,曰司徒、司马、司空、司士、司寇,典司五众。天子之六府,曰司土、司木、司水、司草、司器、司货,典司六职。"

“舅”指母亲的兄弟或妻子的父亲。 ㊵ 毁瘠:“毁”是毁坏、破败的意思,“瘠”是纤细消瘦的意思。二者表示身体消瘦衰弱。 ㊶ 饥约:“约”是困苦、穷困的意思。 ㊷ 仞:此处的“仞”同“忍”,是耐受、忍耐的意思。 ㊸ 不弟:同“不悌”,指作为弟弟不顺从兄长。 ㊹ 内积謑后:旧本作“内续奚吾”,据俞樾《诸子平议》改“内续”为“内积”,据《墨子间诂》改“奚”为“謑”,又据笔者私见改“吾”为“后”。“謑”是愤怒咒骂的意思。“后”是逆反、反抗的意思。 ㊺ 三睘:“睘”同“环”或“还”,是转圈、旋转的意思。 ㊻ 砥砺:两字都是用磨刀石研磨的意思。此处是指操练军队,使之成为精锐。 ㊼ 积委:二者都指积蓄、贮藏的物资。 ㊽ 耆:旧本作“者”,从毕沅说改为“耆”。后文的“耆”同此。“耆”同“嗜”,是爱好的意思。 ㊾ 粢盛酒醴:“粢盛”是盛放在祭器中的黍或稷等谷物。“醴”是用黍酿造的美酒。 ㊿ 时度:“度”是规定、制度的意思,此处的“时度”是指根据时节确定祭祀。 (51) 捶:旧本作“抚”,《公孙龙子·坚白论》有误“抚”为“捶”的例子[1],此处看作其反向的情况,改为“捶”。“捶”是鞭打的意思。 (52) 罪厉:“厉”是报应、灾难的意思。 (53) 垄:指稍高的土堆。此处是墓冢的意思。 (54) 参耕之亩:三人横

1 见《公孙龙子·坚白论》:“坚以手,而手以捶,是捶与手知而不知,而神与不知。”此处的“捶”字是“抚”字之误。

向排成一行时，用犁耕种的田亩的幅度。孙诒让据《周礼·考工记》的记载，推测当时一张犁的宽度约五寸，如此计算则三把犁为一尺五寸（约三十四厘米）。　⑮ 久丧：旧本作“久哭”，据王念孙《读书杂志》说，改“哭”为“丧”。

【解说】将财富用于生者

节葬论的主张，是把前文的节用论思想聚焦于当时的厚葬久丧，集中批判这种风气。所以，墨家提倡节葬论的动机和最终目的，都与节用论完全相同。

墨家认为，人类所能生产的财富，其绝对总量是不足的，甚至未必能保障全体人类的生存。从这一立场出发，当然会产生这样的观点：人类的财富本来就有限，没有多余的财富用来厚葬，白白地将财富埋在地下，所以好不容易生产出来的贵重财富，不应该用于死者，而应该用于保障生者的生活，有效地使用它们。而且墨家还进一步主张，由于财富的绝对总量已经不足，浪费财富的厚葬自然应当废除，妨害生产的久丧，也应当是禁止的对象。

近年发掘的商代、战国、秦代和汉代墓葬中，有着极为奢侈的陪葬品，足以证明当时有厚葬久丧的风气。早在墨子的时代之前，中国就有这种风俗习惯，其本身并无特别的思想性。但儒家弟子强调葬礼的修饰，意图通过庄重的葬礼再次确认君臣、父子、兄弟的身份秩序，从而恢复业已崩坏的周初礼制。至此，厚葬久丧的是非对错，就构成了儒家与墨家的重大对立，也成了一个思想问题。《墨子》的墨语诸篇[1]中也有许多这样的内容，墨子围绕节葬的是非对错，与儒家学者展开辩论。由此可见，在墨子的时代，这个问题已经成为墨家与儒家之间的一个重大分歧。

然而，与儒家的论战，只是墨家倡导节葬时的副产品，论争并非墨家的目的。墨家提倡节葬的本意如前所述，是要将有限的财富用于生者，以救助挣扎于贫困中的广大人民。

当时，将大量财富埋在墓中，会给人民造成强制性负担，给社会经济造成损失。这么做的，正是掌握政治权力的统治阶级，也只有他们才有权采用厚葬久丧的政策，所以墨家选择王公、大人作为论说节葬的主要对象，也是当然的了。

除此以外，墨家提倡节葬论还有其他原因，那就是节葬论与墨家整个思想体系的关系。墨家举出"富国家""众人民""治刑政"作为节葬的功效，这三点在以尚贤论为首的《墨子》十论中频繁出现。而且，认为厚葬久丧会招致上帝、鬼神的惩罚，这种论述很容易与天志论、明鬼论之间建立联

---

[1] 《墨子》墨语诸篇指《耕柱》篇及其以下的《贵义》篇、《公孟》篇、《鲁问》篇、《公输》篇一共五篇。胡适将《墨子》今本五十三篇分为五组，其中"第四组，《耕柱》《贵义》《公孟》《鲁问》《公输》，这五篇，乃是墨家后人把墨子一生的言行辑聚来做的，就同儒家的《论语》一般"（《中国哲学史大纲》）。——编者注

系。这些都说明，节葬论并不孤立，而是与十论的其他主张紧密联系在一起。正如《尚贤》《尚同》《兼爱》《非攻》《节用》中已经说明的那样，墨家的最终目的是保证各诸侯国的生存，以周的分封制度为基础，维持世界的秩序。为此，一方面需要大国的执政者立刻停止侵略和吞并，另一方面，也需要让小国的执政者防备他国侵略，在国内维持安定的统治。节葬论要求王公、大臣等统治阶层废止厚葬久丧的政策，充实国家财政，增加人口，维持国内治安，以此增强本国的防御能力，这种做法，也是墨家实现其最终目的的环节之一。在此，我们既能认识到节用论、节葬论与非攻论的联系，也可以注意到尚贤论、尚同论与节葬论秉持着同样的目的，能看到其间的关联。

而且，节葬论主张把辛苦生产出来的财富用于生者而非死者，废除久丧以便让人们回归生产活动，彼此用自己生产的财富与他人分享利益，这体现了节葬论与兼爱论的联系。进一步看，批判久丧，强调劳动的必要性，对照后文要介绍的非乐论和非命论，可以发现其主旨也是相同的。

如上所述，节葬论深深植根于墨家思想体系之中，所以对墨家来说，厚葬久丧的是非对错，已经超越了个人感情的领域，不仅仅是吊唁死者有无诚意的问题，而且必须看作重大的政治问题。墨家把节葬论的主要论述对象定位为王公、大臣，其理由也在于此。

在这一点上，儒家其实也是一样的，把尊重葬礼作为恢复社会秩序的重要辅助手段。结果，同样是为了重建周初的社会制度，墨家和儒家一方主张节葬，一方主张厚葬久丧，他们的论战越来越激烈，一直持续到战国末期。

于是，这种论争本来只是理论的副产品，却由于对立太过激烈而造成误解，让人以为节葬论的目的本来就是与儒家论争。因此，墨家的本意逐渐被遗忘，仅仅给后世留下了模糊的印象，认为墨家薄情寡义，缺乏悼念死者的真心。而儒家顺应了中国人难以抛弃的传统习俗，在论争中始终占据着有利的地位。

第八章 天志上

天志论有上、中、下三篇，本章翻译上篇全文。

上天憎恶犯罪和战争

墨子说：如今世上的士和君子，能理解小的事情，却不懂得大的事情。怎么知道是这样的呢？从置身于家族中的人身上可以知道这一点。在家族中犯下罪过，会被家长处罚，但这样的人还可以逃到邻家，有这样的逃避之所来免受处罚。但是这样做了之后，亲戚、兄弟很快就会听说这种不端的行为。此时亲戚、兄弟们就都会彼此提醒，纷纷说道："我们不能不自我警戒，不能不谨慎行动。作为家族的一员，做出这样不端的行为，以至于要被家长处罚，（就算逃到邻家）以后还能有办法吗？"（人们做出这样正确的判断）针对的不仅仅是家族中的一员，就算对置身于国家中的人，其判断也是一样的。在国家中犯下罪过而得罪国君，这样的人还可以逃到邻国。但是他逃亡国外的消息，很快就会传到亲戚、兄弟的耳朵里。此时亲戚、兄弟们就都会彼此提醒，纷纷这样说道："我们不能不自我警戒，不能不谨慎行动。作为国家的一员，犯下这样的罪过，以至于要被国君处罚，（就算逃到邻国）以后还能有办法吗？"

以上这些情况，还有逃避之所，可以躲过处罚。就算如此，（周围的亲戚、族人）也会相互警戒到这么严重的程度，那更何况是没有逃亡之所，无法免于处罚的情况，周围的人当然会更为谨慎地彼此提醒，免得自己也落到那种境地。对此，有下面这样一句谚语："天空没有一丝阴云，在这朗朗乾坤之下犯罪，究竟有什么地方可以逃避呢？"这就是说：此时（谁也）无处可逃，无处可藏。本来，对于上天，就不能心怀侥幸地认为，（犯下罪过之后）可以逃到幽深的树林、险峻的溪谷或是阴暗之处，没有人发现。（即使在这些地方）上天也一定注视着犯罪的行为。尽管如此，天下的士和君子，对上天的这种监视却漠不关心，不知道彼此提醒。就是因为这个理由，我说天下的士君子，对小范围内的事情有自觉，对大范围内的事情却没有自觉。

那么（监视着人类一切行为的）上天到底期望什么，又憎恶什么呢？上天本来期望（我们人类）施行正义，憎恶（我们人类）行为不义。那么我们就应该带领天下的人民，把施行正义的行为看作必须为之的事业，并加以鼓励。如果我们这样做，就是践行了上天所希望的事。如果我们践行了上天所期望的事，上天也会做到我们所祈愿的事。那么，我们祈愿什么，又厌恶什么呢？我们祈愿家族兴旺，生活物资充足，厌恶灾难和报应的降临。所以，如果我们不去做上天期望的事，一味做上天憎恶的事，结果就相当于率领天下的人，把招致灾难和报应的事情看作必须为之的事业，并对此加以鼓励。那么，又是凭什么理由来判断上天是真的期望正义，憎恶不义呢？

其理由如下。天下有义的时候，人类能够生存；天下无义的时候，人类死亡、濒临灭绝。有义的时候人类富裕，无义的时候贫困。有义的时候人类社会的治安有保障，无义的时候治安恶化。而上天本来就期望生存憎恶死亡，期望富裕憎恶贫穷，期望安宁憎恶混乱。因为这样的理由，我可以判断，上天是期望施行正义，憎恶不义的。

而且所谓的义，本来就是矫正（人们走向正途）的东西。那么，就不是下级向上级匡正道义，而一定是上级向下级匡正道义。所以百姓应该尽全力来完成自己的事业，而不能按照自己的意志来匡正道义。士是百姓的上级，应由他们来匡正百姓。而士也应该尽全力来完成自己的本职，不能超越这点，按照自己的意志来匡正道义。卿、大夫是士的上级，应由他们来匡正士。卿和大夫则应该尽力执行政务，也不能按照自己的意志来匡正道义。天子是他们的上级，由他来匡正卿和大夫。天子也不能按照自己的意志来匡正道义，应由上天来匡正天子。

天子针对三公、诸侯、士、百姓来匡正道义，这一点天下的士和君子都已经很明白了。但是上天匡正天子这一点，天下人还没有明确认识到。所以，古时候夏、商、周三代的圣王夏禹、商汤、周文王、周武王，就要向天下人明示这一事实，指出最终要由上天来匡正天子。为此，这些圣王们都饲育（祭祀时作牺牲用的）牛羊，饲养狗猪，精心准备谷物和酒等贡品，祭祀时向天帝和鬼神献上这些祭品，并且向上天祈求大地人间繁荣。而我从来没有听说过反过来的情况，天帝不会向天子祈求自己的幸福。因为这样的理由，我可以知道，上天针对天子来匡正道义。

毋庸赘言，天子是世界上身份最高贵、最富裕的人。（即使是这样的天子，也要向上天祈福，所以）期望得到富裕和高贵地位的人，就不得不顺从上天的意志。而顺从上天意志的人，能够同等地去爱自己和他人，能够与他人交换利益，彼此互惠，其结果一定能得到上天的赏赐。反过来，在自己与他人之间划清界限且互相憎恶，彼此损害利益，这样的人一定会遭到上天的惩罚。那么，顺从天意获得赏赐的人有谁呢？违背天意遭受惩罚的人又有谁呢？墨子说：古时候夏、商、周三代的圣王夏禹、商汤、周文王、周武王，正是顺从天意而获得赏赐的人。而古时候夏、商、周三代的暴君夏桀、商纣王、周幽王、周厉王，正是违背天意而遭受惩罚的人。那么夏禹、商汤、周文王、周武王这些圣王，他们获得上天赏赐的原因是什么呢？墨子说：因为圣王对上尊重天帝，对中遵守鬼神指示，对下爱护万民，把这些当成是自己必须为之的事业。所以天帝也会如此考虑："对于我所慈爱的对象，这些君王不加区别地爱护他们；对于我想要给与利益的对象，这些君王不加区别地施与利益。他们对人类的爱护如此博大，而他们向人类施与的利益这样优厚。"

于是（他们得到赏赐），身份高贵到成为天子，富裕到拥有全天下。从此以后他们的子孙无数，世代传颂称赞他们的善举，他们的美名广泛流传于天下，直到现在人们依然赞誉他们，尊称他们为圣王。而与之相反，夏桀、商纣王、周幽王、周厉王这些暴君，他们遭受上天惩罚的原因是什么呢？墨子说：这是因为，他们对上咒骂天帝，在中间对鬼神态度恶劣，对下危害万民，把这些当成是自己必须为之的事业。所以天帝也会如此考虑："对于我所慈爱的对象，这些君王划清界限，感到憎恶；对于我想要给与利益的对象，这些君王与他们彼此伤害。他们对人类的憎恶如此深刻，而他们向人类造成的危害这样严重。"于是天帝像下面这样对待他们：（暴君本人）不能享天年而死于非命，（他们的王朝）不能延续到天定的世代而中途断绝。而天下人直到现在依然批判他们，指责他们是暴君。

那么，为什么能够知道上天慈爱世上的人民呢？这是因为上天广泛地照耀天下人民。那么，为什么能够知道上天广泛地照耀天下人民呢？这是因为上天广泛地保全天下的人民。那么，为什么能够知道上天广泛地保全天下人民呢？这是因为上天广泛地养育天下的人民。那么，为什么能够知道上天广泛地养育天下人民呢？这是因为，在四海之内的文明世界中，以谷物为食的人民，没有一个人不饲育（祭祀时作牺牲用的）牛羊，饲育狗和猪，郑重地准备谷物和酒等贡品，（为了感谢上天提供食物养育了自己）在祭祀时向天帝和鬼神献上这些祭品。上天自己养育了人类，当然会保全他们，怎么会不爱这些人类呢？而且有句谚语这样说："杀死一个无罪之人，（与之相应）就一定会有一件不祥之事发生。"那么在这里，杀死无罪之人的是谁？当然是人。那么向这个人降下不祥之事的又是谁？那就是上天。如果假设上天不慈爱世上的人民，那么人类彼此残杀，为什么上天要给杀人者降下灾祸呢？因为这样的理由，我可以知道，上天慈爱世上的人民。

顺从上天的意志，这种行为是义政。违背上天的意志，这种行为是暴政。那么义政的做法究竟是什么样的呢？墨子说：大国的统治者不侵略小国，豪门世家的大夫不夺取弱小大夫的家业，强者不胁迫弱者，身份高贵的人对身份低下的人态度不傲慢，聪明的人不欺骗愚钝的人。这样的行为，必然对上有利于上天，对中有利于鬼神，对下有利于人类。这三种利，无不有利于世界。所以（君王如果施行这种义政），就向他们献上世上所有的赞誉之词，称他们为圣王。相反的，暴政与之完全不同，所说的话与义政相反，所做的事也完全是义政的反面。就好像是两个人背向奔驰而去一样。如果统治大国还去侵略小国，豪门世家的大夫夺取弱小大夫的家业，强者胁迫弱者，身份高贵的人对身份低下的人态度傲慢，聪明的人欺骗愚钝的人。这样的行为，对上不利于上天，对中不利于鬼神，对下不利于人类。这三种不利，不能给世界上的任何人带来利益。所以（君王如果施行这种暴政），就给予他们世上所有的贬抑之词，称他们为暴君。

墨子说：我的思想中有上天的意志，打个比方，就好像制作车轮的工匠有圆规，木工有矩尺一样。制作车轮的工匠和木工的师傅，各自手持圆规和矩尺，以此作为唯一的标准，衡量天下所有的方圆，说："符合圆规矩尺的就是合适的，不符合的就不行。"现在，天下的士和君子，他们的著作数量多到用牛车也运送不完，而他们嘴里说的观点、主张，也是数不胜数。（他们就这样）对上游说诸侯，对下向士人吹嘘。（判断他们言论和思想的对错是非，唯一的标准是仁义，但是）这些全都远远偏离了仁义。为什么能够知道是这样呢？那是因为，只有我才持有世界上最明确的判定是非对错的标准，也就是上天的意志，我以此判断世界上各种思想的好坏。

【原文】

子墨子言曰：今天下之士君子，知小而不知大。何以知之？以其处家者知之。若处家得罪于家长，犹有邻家所避逃之。然且亲戚兄弟所知识，共相儆戒①，皆曰："不可不戒矣，不可不慎矣！恶有处家而得罪于家长，而可为也？"非独处家者为然，虽处国亦然。处国得罪于国君，犹有邻国所避逃之。然且亲戚兄弟所知识，共相儆戒，皆曰："不可不戒矣，不可不慎矣！谁亦有处国得罪于国君，而可为也？"此有所避逃之者也，相儆戒犹若此其厚。况无所逃避之者，相儆戒，岂不愈厚然后可哉？且语言有之曰："焉天晏日，焉天得罪②，将恶避逃之？"曰：无所避逃之。夫天不可为林谷幽间③无人，明必见。然而天下之士君子之于天也④，忽然不知以相儆戒。此我所以知天下之士君子知小而不知大也。

然则天亦何欲何恶？天欲义而恶不义。然则率天下之百姓，以从事于义，则我乃为天之所欲也。我为天之所欲，天亦为我所欲。然则我何欲何恶？我欲福禄而恶祸祟。若我不为天之所欲，而为天之所不欲，然则我率天下之百姓，以从事于祸祟中也。然则何以知天之欲义而恶不义？曰：天下有义则生，无义则死；有义则富，无义则贫；有义则治，无义则乱。然则天欲其生而恶其死，欲其富而恶其贫，欲其治而恶其乱。此我所以知天欲义而恶不义也。

曰：且夫义者，政也。无从下之政上，必从上之政下。是故庶人竭力从事，未得次己而为政，有士政之。士竭力从事，未得次己而为政，有将军大夫⑤政之。将军大夫竭力听治，未得次己而为政，有天子政之。天子未得次己而为政，有天政之。天子为政于三公、诸侯、士、庶人，天下之士君子，固明知。天之为政于天子，天下百姓未得之明知也。故昔三代圣王，禹汤文武，欲以天之为政于天子，明说天下之百姓。故莫不牺牛羊，豢犬彘，洁为粢盛酒醴，以祭祀上帝鬼神，而求祈福于天。我未尝闻天之所求祈福⑥于天子者也，我所以知天之为政于天子者也。

故天子者，天下之穷贵也，天下之穷富也。故欲富且贵者，当天意而不可不顺。顺天意者，兼相爱，交相利，必得赏。反天意者，别相恶，交相贼，必得罚。然则是谁顺天意而得赏者？谁反天意而得罚者？子墨子言曰：昔三代圣王，禹汤文武，此顺天意而得赏也。昔三代之暴王，桀⑦纣⑧幽⑨厉⑩，此反天意而得罚者也。然则禹汤文武，其得赏何以也？子墨子言曰：其事上尊天，中事鬼神，下爱人。故天意曰："此之我所爱，兼而爱之；我所利，兼而利之。爱人者此为博焉，利人者此为厚焉。"故使贵为天子，富有天下。世万叶⑪子孙，传称其善，方施天下，至今称之，谓之圣王。然则桀纣幽厉，得其罚何以也？子墨子言曰：其事上诟天，中诬鬼，下贼人⑫。故天意曰："此之我所爱，别而恶之；我所利，交而贼之。恶人者此为之博也，贼人者此为之厚也。"故使不得终其寿，不殁其世。至今毁之，谓之暴王。

然则何以知天之爱天下之百姓？以其兼而明之。何以知其兼而明之？以其兼而有之。何以知其兼而有之？以其兼而食焉。何以知其兼而食焉？曰：四海之内，粒食之民，莫不犓牛羊，豢犬彘，洁为粢盛酒醴，以祭祀于上帝鬼神。天有食人⑬，何用弗爱也？且语言："杀一不辜者，必有一不祥。"杀不辜者谁也？则人也。予之不祥者谁也？则天也。若以天为不爱天下之百姓，则何故以人与人相杀，而天予之不祥？此我所以知天之爱天下之百姓也。

顺天意者，义政也。反天意者，力政也。然义政将奈何哉？子墨子言曰：处大国不攻小国，处大家不篡小家，强者不劫弱，贵者不傲贱，多诈者不欺愚。此必上利于天，中利于鬼，下利于人。三利无所不利，故举天下美名加之，谓之圣王。力政者则与此异，言非此，行反此，犹倖驰⑭也。处大国攻小国，处大家篡小家，强者劫弱，贵者傲贱，多诈欺愚。此上不利于天，中不利于鬼，下不利于人。三不利无所利，故举天下恶名加之，谓之暴王。

子墨子言曰：我有天志，譬若轮人之有规，匠人之有矩。轮匠执其规矩，以度天下之方圜⑮，曰："中者是也，不中者非也。"今天下之士君子之书，不可胜载，言语不可尽计。上说诸侯，下说列士，其于仁义，则大其远也。何以知之？曰：我得天下之明法以度之。

【注释】

① 儆戒："儆"同"警"，是留心、警戒、劝诫的意思。　② "且语言有之曰：焉天晏日，焉天得罪"：旧本作"且语言有之曰：焉而晏曰，焉而得罪"。毕沅将两个"曰"改为"日"，但俞樾《诸子平议》认为第一个"曰"不必改。而吴毓江《墨子校注》认为两个"而"字均为"天"字之误，作为旁证，指出《论衡》中数次出现"天晏"的表述[1]。本文的改动参考了以上各家的说法。"天晏"的"晏"表示天空晴朗无云。中国古人认为，日月星辰有规律地运行，这体现了天道。天道是生活在地上的人们必须遵守的规则、法则，所以晴天的太阳就象征着天道，它不分昼夜地注视着地上的人们。　③ 幽间：旧本作"幽门"，毕沅改"门"为"涧"，而王念孙《读书杂志》改"门"为"间"，取"闲"之义。此处按王念孙的校订改作"间"，并据孙诒让《墨子间诂》取"间隙"之义，

---

1 《论衡》中出现的"天晏"如："天晏，列宿焕炳；阴雨，日月蔽匿。"（《超奇》篇）"光武皇帝升封，天晏然无云，太平之应也，治平气应。"（《宣汉》篇）"天晏旸者，星辰晓烂；人性奇者，掌文藻炳。"（《佚文》篇）

把"幽间"二字翻译为深林溪谷之间的阴暗处。　　④ 士君子之于天也：旧本作"君子天也"，从王念孙和孙诒让说，补出"士""之""于"三字。　　⑤ 将军大夫：此处的"将军"指地位在大夫之上的卿。一直到春秋时期，卿都可以临时担任将军的职务，故此处以将军为卿的别称。银雀山汉墓出土的竹简《孙子兵法·吴问》篇有"六将军分守晋国之地"[1]的用例，把晋国的六卿称为六将军。　　⑥ 天之所求祈福：旧本作"天下之所求祈福"，依各家之说将"下"看作衍文删去。　　⑦ 桀：夏朝最后一位王，是恶名远扬的暴君。被商的汤王所灭。　　⑧ 纣：商朝最后一位王，传说也是暴君。被周的武王所灭。　　⑨ 幽：西周最后一位王。他废掉了王后申后和太子，还为了博宠姬一笑烽火戏诸侯。这些乱政使他失去民心，申后的母家申侯以及西夷、犬戎借此起兵进攻，将幽王杀死在骊山脚下。从其后的平王开始，周的都城东迁到洛邑。　　⑩ 厉：比幽王早两代的周王。他推行暴虐的恐怖政策，人民反叛，厉王出奔，最后死在外地。此后，周朝经历了贵族协商统治的"共和"阶段，随后宣王即位。宣王的儿子就是幽王。　　⑪ 世万叶：旧本作"业万世"。孙诒让把这个"业"解作"叶"，并认为"叶"

1　见银雀山汉简《孙子兵法·吴问》篇："吴王问孙子曰：'六将军分守晋国之地，孰先亡，孰固成？'孙子曰：'范（范）、中行是（氏）先亡。''孰为之次？''智是（氏）为次。''孰为之次？''韩、魏（魏）为次。赵毋失其故法，晋国归焉。'"

与"世"同义，所以后面的"世"是衍文，应当删去。此处把"业"按孙诒让的理解改为"世"，而后面的"世"字与"叶"相通，故改为"叶"。这样改动后，"万叶"就指数目茂盛的枝叶。　⑫下贼人：旧本作"下贱人"，据王念孙说改。后文的"贼人"旧本也作"贱人"，据孙诒让说改。　⑬天有食人：旧本作"天有色人"，"色"与"食"古音相近通假，故改之。　⑭倩驰：旧本作"倖驰"，从毕沅校订改。　⑮方圜："圜"与"圆"同义。

【解说】上天是兼爱、非攻的守护神

一种思想在论证自身的普遍正确性时，通常有三种方法。第一种是威吓式的，宣称自己的思想本身就是至高无上者的意志（天神或法则）。第二种，是归因于社会现实的需求，声称如果不采纳自己的主张，整个社会就无法维持秩序。第三种则是指出自己的主张是人类的普遍本性。

这三种方法各有其弱点。第一种方法提出至高无上者的意志，但是会招致这样的疑问：如果这种思想真的是至高无上者的意志，那么至高无上者为何不在一开始就创造这样的世界？而且，若是至高无上者真有这样的意志，那么至高无上者自会按照这种思想来改造世界，何需你们奔走呼号？

第二种方法归因于社会现实的需求，但是会出现这样的反驳：如果这种思想真的是社会发展的必要条件，人们自会这样去做，何需你们告知？或者是，你们认为不遵从这种思想，社会就无法顺利发展，但我们却并未感到社会有任何问题。

第三种方法求助于人类的本性，但也难免会遭到这样的反击：如果这种思想真的是人类的本性，那么人类出于本性，应该早就这样去做了，何需你们教化游说？

如上所述，这三种方法各有其长短。而墨家则选取了第一种和第二种方法，把至高无上者的意志与社会现实的需求结合起来。本章选取的天志论，以及后面要介绍的明鬼论，都属于前一种主张，把至高无上者的意志作为自己的论据。

墨家所设置的至高无上者就是上帝（上天、天帝、皇天，或者单称为天）。上帝是主宰宇宙的至高之神，他有自己的思想，时刻监督着大地上的一切，他可以任命、废黜天子，并向人类降下祸福、吉凶，这在《诗经》《书经》中多有记载，可以说周初以来，这种王权神授的思想，几乎成了中华文化中的常识。所以，关于这一点，墨家似乎没有必要专门强调，无需专门提示人们注意上帝的权威。尽管如此，墨家仍然极力强调这一点，这是因为一方面，周初以来的上帝信仰正在逐渐淡薄，走向形式化，新的思潮兴起。这种思潮与顺应上天相比，更强调人类的个性，故而在现实中，上天的制约效果明显减弱。另一方面，这样做的目的，是要说明墨家思想与上天的意志完全一致，从而借助上天的权威来证明墨家思想的合理性，这才是最关键的。

因此，尽管上帝的绝对权威在现实中逐渐变得空有其表，墨家仍然不惜笔墨，试图恢复这种权威，并长篇累牍地证明，上帝的这种权威与墨家思想是何其一致。得罪于天就无处可逃，三朝的暴君因触怒上天而灭亡，这些内容强调上帝凌驾于天子之上，都是为了恢复上帝的威信。而上帝要求地上的人民奉行兼爱、交利和非攻，这样的论述，是在试着把天志与墨家思想统一起来。

所以可以说，天志论的最终目的，在于借助上帝的权威，为兼爱论和非攻论的合理性寻求依据。而且，在"反天意"的暴政中，首先列举"处大国攻小国"，说明这里的兼爱论是以非攻论为前提的，可见墨家倡导尊重天志，其意识最终主要集中在非攻论这一点上。关于这个问题，《天志下》篇说："是故子墨子置立天之，以为仪法。吾以此知天下之士君子之去义远也[1]。今氏大国之君宽然曰[2]：吾处大国而不攻小国，吾何以为大哉！是以差论蚤牙之士，比列其舟车之卒，以攻罚无罪之国，入其沟境，刈其禾稼，斩其树木，残其城郭，以抑[3]其沟池，

1　所引汉文训读文如此。原文此后有"何以知天下之士君子之去义远也？"一句。

2　所引汉文训读文如此，原文为"今知氏大国之君宽然曰"。俞樾以为"知"衍文，删去。孙诒让认为"宽者然"当为"宽然"，"者"为衍文。

3　所引汉文训读文如此。旧本"抑"作"御"，王引之改。

焚烧其祖庙，攘杀其牺牲。民之格者，则劲杀[1]之，不格者则系累[2]而归，丈夫以为仆圉、胥靡，妇人以为春酋。"这与非攻论的论调完全一致，认为侵略、吞并违逆上天，从而批判这种行为。

那么，墨家为什么把树立天帝的权威作为禁止大国侵略、吞并的方法呢？侵略战争本来完全是人类世界内部的行为。人类通过自己的意志和能力发动侵略，如果依靠这种人为的努力兼并了他国，侵略、吞并就与上天无关，成了一种自身具备完整性、能够自圆其说的人为活动。那么，面对一旦成功就能自圆其说的侵略战争，墨家要规定说侵略、吞并是罪恶的，就必须推翻进行侵略的国家的意图，改写侵略战争的结果，从而破坏侵略战争本身的完整性，使之无法自圆其说。

那么，这个任务本来应该由谁承担呢？那当然是天子。正如尚同论描述的，天子自己就是分封诸侯的当事人，自然应该禁止诸侯彼此擅自攻伐，维持分封制度。

因此，墨家以古代圣王为例，认为他们都完成了这一任务。墨家于是据此证明，中止侵略和吞并是天子应尽的义务。但墨家并未向当时的天子提出这一要求，这是因为当时的周天子已经失去了这样的统治力量，此时再要求天子承担这一任

---

1 所引汉文训读文如此。旧本"劲杀"作"劲拔"，孙诒让改。
2 所引汉文训读文如此。旧本"系累"作"系操"，王引之改。

务，是不现实、不可能的。

于是，墨家天志论所要游说的对象，就只能是各诸侯国的统治阶层，他们在现实中具有发动侵略战争的能力。《天志上》篇以"今天下之士君子，知小而不知大"开头，《天志中》篇最后说"今天下之王公大人士君子，中实将欲遵道，利民本，察仁义之本……"，《天志下》篇以"今天下之士君子，中实将欲为仁义……"结尾，原因正在于此。

但是，一个国家的统治者，毕竟只是着眼于本国利益的个体，绝非纵观全体秩序、调整全体利益之人。所以，无论墨家怎样游说大国，让他们停止侵略小国，只依靠理论手段，结果就总是缺乏威力。因此，进行侵略的国家如果以观点不一为由，驳回墨家的要求，那么阻止侵略、吞并的社会功能就依然缺失，事实上这些侵略行为还是得到了默许。作为一种人为活动，这些侵略行为在人类世界内部获得了自身的完整性，得以自圆其说。

正是由于这个原因，墨家不得不强调天帝的作用，指出天帝是凌驾于人类世界之上的、终极的统治者。因此天志论说"故使不得终其寿，不殁其世"（上篇），"今若处大国则攻小国，处大都则伐小都，欲以此求福禄于天，福禄终不得，而祸祟必至"（中篇），"天下疾病祸祟""加其罚焉，使之父子离散，国家灭亡，抎失社稷，忧以及其身"（下篇），强调上帝会降下惩罚，以因果报应的方式干预侵略、吞并的行为。墨家用上帝的这种惩罚说明，侵略、吞并绝对无法在人为活动的范围内获得自圆其说的完整性。墨家试图通过这种来自于上帝的威慑力，来增强非攻主张的说服力。

这样看来，如果认为天志论和尚同论一样是反动的理论，都旨在建立天子专制的强大帝国，以上天的绝对权威来剥夺所有人类的独立性，这种看法完全是一种误判。的确，墨家继承了《诗经》《书经》以来的中华文化传统，认为"天之为政于天子""故使贵为天子，富有天下"（《天志上》篇），强调王权神授说。但这种学说的走向，绝不是要使天子权力无所制约。事实正好与此相反，墨家说"天子未得次己而为政，有天政之"（《天志上》篇），"天子为善，天能赏之，天子为暴，天能罚之"（《天志中》篇），正是在压制天子的为所欲为，并强调天子有义务保全所分封的诸侯国家，这才是天志论的意义所在。

第九章　明鬼下

　　明鬼论的上篇和中篇已经散佚，现仅存下篇。《明鬼下》篇的篇幅较长，因此本章选译其开头和结尾部分。这部分论述了墨家为何坚持主张鬼神确实存在。《明鬼下》篇的中间部分则具体论证鬼神实际存在，此处从略。

鬼神惩罚恶人

　　墨子说：古代夏、商、周的圣王们都已经逝去了，于是天下失去了正义，落到了诸侯依靠武力推行政治的地步。其结果就是出现这样的情况：在人类社会的君臣、上下身份关系中，上对下没有恩惠，下对上缺乏忠义；在父子、兄弟的血缘关系中，父兄对子弟没有慈爱，子弟对父兄缺乏顺从；统治者不勤于政务，人民荒废生产劳动。还有，人民中出现了邪恶暴力的行为，他们武装起来袭击和抢掠他人的家宅，犯下偷窃和抢夺的罪行，甚至使用武器、毒药、开河放水、纵火焚烧等手段，当路打劫无罪之人，抢夺他们的车马衣服，以满足自己的利益。这种恶人群起的现象，也始自这个时代。天下因此而走向混乱。这种混乱的原因到底何在？究其原因，都是因为人们疑惑于鬼神是否存在，不能够明确地认识到，鬼神具有赏赐贤人、惩罚恶人的力量。如果现在能够设法让天下人完全相信，鬼神具有赏赐贤人、惩罚恶人的威力，那么天下还怎么会混乱呢？

现在，主张无鬼神的人说：鬼神这种东西，本来就不存在。这些人还从早到晚四处传播这种学说，宣扬世上没有鬼神，使天下的人们感到疑惑，无法判断鬼神是否真的存在。他们这样做，就导致了天下混乱。于是墨子说：现在这个时代的王公大人、士人君子，如果真心实意想要振兴天下的利益，去除天下的祸害，就必须首先明确鬼神是否存在，把这看作不能不明察的重要问题。如果已经把鬼神是否存在的问题，作为不能不考察的重要课题对待了，接下来我就要明确地考察这个问题。那么运用什么方法让论证成立呢？墨子说：如今在这世上，要想知道某种东西存在与否，究其方法，一定是有许多人通过自己的耳目直接感知到这种东西是否存在，以此作为判断的标准。也就是说，如果有许多人确实听到了这种东西的声音，看到了这种东西的形象，就可以判断它一定存在；反过来，如果既没有人真的听到过那种东西的声音，也没有人真的看到过那种东西的形象，就判断它一定不存在。如果承认这样的判断标准，那为什么不到乡野村郭中，问一问是否有人见过鬼神呢？从古至今，从最初的人民开始，直到生存在现代的人们，这其中就曾经有人目睹过鬼神的形象，听闻过鬼神的声音，基于这样的事实，怎么能说鬼神不存在呢？（与之相反）如果这其中没有一个人听到过鬼神的声音，看到过鬼神的形象，（这种情况下，）当然就不能主张鬼神是存在的。

现在，主张无鬼神的人说：声称自己见闻过鬼神的人，天下数不胜数，（但他们的说法都不可靠，）有谁见闻过可靠现象，能确切地证实鬼神存在呢？（对此）墨子说：如果要举出许多人同时见到过、听闻过的实际例证（而非奇谈怪论）的话，从前的杜伯就符合条件。周宣王判臣子杜伯死罪，但他其实是无罪的。所以杜伯（在死前）许下了这样的复仇誓言："我的君王要处我死刑，但我是无罪的。如果死人没有灵魂，无知无觉，那就只能放弃（复仇）了。但是，如果死后有知觉的话，三年之内，一定要让我的君王见识到死者的怨念。"三年后的一天，周宣王召集诸侯，在（郑国的大湿地）圃田举行大型的狩猎活动。（当时的规模）有战车数百辆，随从数千人，猎场的荒野里满是人。那天正午，杜伯乘坐着白马牵引的白色木制战车，突然出现了。他穿着朱红的衣服，戴着朱红的帽子，手中拿着涂成朱红色的弓，腋下夹着涂成朱红色的箭矢，追击周宣王，在车上瞄准他射箭。杜伯射出的箭命中了周宣王的心脏，击碎了他的脊椎。周宣王摔了个跟头，倒在车中，伏倒在装弓的袋子上死去了。当时，直接跟从宣王的周人，人人都看到了杜伯的身姿；而远处的人们，人人都听到了事发时的声音。（所以这件事毫无疑问地属实，）被记载下来，现在依然可以在周的史书《春秋》中看到。做君主的人（读了《春秋》），都以此为材料来教育臣子，做父亲的人都以此为教训来训诫儿子："要慎重，要警戒！杀害无辜之人，一定会遭遇不祥之事。鬼神降下惩罚，就是如此迅速啊！"从周《春秋》的记载来看，鬼神确实存在，怎么能怀疑这一点呢？

而且，不仅这一本书上有这样的记载。从前，秦穆公有一天中午在宗庙里的时候，有一位神从大门进来，走到了（神自己的）左手边的位置（也就是秦穆公右手边的位置，是尊位）。（这位神的）脸是人的面孔，身体却是鸟的躯体，他穿着纯白的衣服，衣服下摆分成三片（分别对应左右腿和尾巴），脸是四方形的。秦穆公见了他这奇怪的样子，感到恐惧，想要逃跑。神说道："不必恐惧。上帝对你平日里的圣明德行感到满意喜悦，所以派遣我来，作为赏赐，把你的寿命延长十九年，并让你的国家繁荣昌盛，子孙后代繁衍绵延，宗庙祭祀代代不绝。"于是秦穆公深深地作揖两次，又在地上磕头叩拜后说："敢问尊神大名。"神言道："我是句芒。"如果将秦穆公直接目睹的事实作为判断标准，那么鬼神确实存在，怎么能怀疑这一点呢？

不仅这一本书上有这样的记载。从前，燕简公判臣子庄子仪死罪，但他其实是无罪的。所以庄子仪留下了这样的遗言："我的国君要处我死刑，但我是无罪的。如果死人没有灵魂，无知无觉，那就算了。但是，如果死者有知觉的话，三年之内，一定要让我的国君见识这种怨念。"一年后，恰逢燕国国君驱车参拜祖庙。燕国祭祀祖庙的典礼，就像齐国祭祀社稷，宋国祭祀桑林，楚国祭祀云梦一样，有许多男女聚集起来，观赏这个盛大的活动。那天中午，燕简公正驱车奔驰在专用来参拜祖庙的大道上，庄子仪出现了。他挥舞着涂成朱红的棍棒，打死了燕简公，简公倒在了所乘坐的车上。当时，直接跟从简公的燕国人，人人都看到了这件事；而远处的人们，人人都听到了事发时的声音。于是（这件事作为事实）被记载下来，现在依然记载于燕的史书《春秋》中。于是诸侯们代代向自己的子孙叙述这件事，训诫道："杀害无辜之人，无一例外会遭遇不祥之事。鬼神降下惩罚，就是如此迅速啊！"从燕《春秋》记载的这件事来看，鬼神确实存在，怎么能怀疑这一点呢？（以下省略）

现在，主张无鬼神的人提出批评，说（墨子的）意图对父母无益，还会阻碍人成为孝子。对此，墨子说：鬼神的形态，从古到今并没有区别。首先，有住在天界的鬼神，还有住在山岳河流中的鬼神，（以上鬼神都是一开始就存在的，而）最后还有人死后变化成的鬼神。（因此，暂不讨论天上的鬼神和山水的鬼神，一般意义上的鬼神，就是指人死后变化成的鬼神。）那么，儿子夭折，先于父亲死去，弟弟早死，先于兄长去世，这都是世上确有的事情。这些大约都是意外事故带来的死亡，尽管如此，流传下来的俗语却说："先生者先死。"如果大部分都是这样的情况，那么先一步死去的，不是父亲就是母亲，不是哥哥就是嫂子。现在，人们在礼器中盛满谷物和美酒，郑重地筹备贡品，恭敬谨慎地祭祀鬼神。如果鬼神确实存在，这种行为就是在召唤已经去世的父母兄嫂的灵魂，让他们享用贡品。这难道不是非常有利的吗？即使鬼神实际上并不存在，这就只不过是消耗了那些制作贡品的财物罢了。而且，这里所谓的消耗财物，并不是把财物扔进沟渠，简简单单地丢弃。家族之内有血缘关系的亲戚族人，家族之外有地缘关系的乡亲，都可以召集起来一同享用贡品。如果是这样，即使鬼神确实不存在，通过祭祀鬼神的这种仪式，也能够使大家共同享乐，与熟人欢聚一堂，加深同乡之人的和睦关系。

　　如今主张无鬼神的人这样宣扬说：鬼神本来就不存在。（对本来就不存在的东西）当然不必供奉美酒、谷物、牺牲之类的财物，我们这并不是在吝啬供奉用的财物。（祭祀鬼神）

究竟会有什么效果呢？（没有任何效果。）祭祀鬼神这种行为，对上违背了记载圣王言行的典籍，对内（浪费财物去祭祀）妨碍人民孝顺父母。尽管如此，（一边祭祀着鬼神，一边）还想要成为天下杰出的士人，这实在不是成为杰出士人的方法啊。

对于他们的宣言，墨子反驳说：我现在祭祀鬼神，并不是（把祭祀的贡品）白白地扔进沟渠，浪费地丢弃掉。这是为了对上接受鬼神的赐福，对下使大家共享欢宴，与熟人相会，加深同乡之人的和睦关系。假如鬼神确实存在，那么我就能召唤已经去世的父母兄弟的灵魂，让他们享用贡品。这难道不是对天下有益的事业吗？所以墨子得出结论说：现在天下的王公大人、士人君子，如果真心实意想要振兴天下的利益，去除天下的祸害，那么，面对鬼神是否确实存在这个问题，就必须尊重鬼神，明确承认鬼神确实存在。这才是圣王所认定的道义。

【原文】

子墨子言曰：逮至昔三代圣王既没，天下失义，诸侯力正。是以存夫为人君臣上下者之不惠忠也，父子弟兄之不慈孝弟长贞良也，正长之不强于听治，贱人之不强于从事也。民之为淫暴寇乱①盗贼，以兵刃毒药水火，遏②无罪人乎道路率径③，夺人车马衣裘以自利者，并作由此始。是以天下乱。此其故何以然也？则皆以疑惑鬼神之有与无之别，不明乎鬼神之能赏贤而罚暴也。今若使天下之人偕④若信鬼神之能赏贤而罚暴也，则夫天下岂乱哉！

今执无鬼者曰：鬼神者，固无有。旦暮以为教诲乎天下⑤，使天下之众皆疑惑乎鬼神有无之别，是以天下乱。是故子墨子曰：今天下之王公大人士君子，实将欲求兴天下之利，除天下之害，故当鬼神之有与无之别，以为将不可以不明察⑥此者也。既以鬼神有无之别，以为不可不察。已然则吾为明察此，其说将奈何而可？子墨子曰：是举天下之所以察知有与无之道者，必以众之耳目之实知有与亡，为仪⑦者也。请惑闻之见之，则必以为有；莫闻莫见，则必以为无。若是，何不尝入一乡一里而问之？自古以及今，生民以来者，亦有尝见鬼神之物，闻鬼神之声，则鬼神何谓无乎？若莫闻莫见，则鬼神可谓有乎？

今执无鬼者言曰：夫天下之为闻见鬼神之物者，不可胜计也。亦孰为闻见鬼神有无之物哉？子墨子言曰：若以众之所同见，与众之所同闻，则若昔者杜伯⑧是也。周宣王⑨杀其臣杜伯而不辜。杜伯曰："吾君杀我而不辜，若以死者为无知，则止矣。若死而有知，不出三年，必使吾君知之。"其后三年⑩，周宣王合诸侯，而田于圃田⑪。车数百乘，徒⑫数千人，满野。日中，杜伯乘白马素车，朱衣冠，执朱弓，挟朱矢，追周宣王，射之车上，中心折脊，殪车中，伏弢而死。当是之时，周人从者莫不见，远者莫不闻，著在周之《春秋》。为君者以教其臣，为父者以谶其子，曰："戒之慎之！凡杀不辜者，其得不祥，鬼神之诛，若此之憯遬也！"以若书之说观之，则鬼神之有，岂可疑哉！

非唯若书之说为然也。昔者秦穆公[13]，当昼日中处乎庙，有神，入门而左。人面鸟身，素服三绝[14]，面状正方。秦穆公见之，乃恐惧犇。神曰："无惧！帝享女明德，使予锡女寿十年有九，使若国家蕃昌，子孙茂，毋失。"秦穆公再拜稽首曰："敢问神名？"曰："予为句芒。"若以秦穆公之所身见为仪，则鬼神之有，岂可疑哉！

非唯若书之说为然也。昔者燕简公[15]，杀其臣庄子仪而不辜。庄子仪曰："吾君[16]杀我而不辜，死人毋知亦已；死人有知，不出三年，必使吾君知之。"期年，燕将驰祖。燕之有祖[17]，当齐之社稷[18]，宋之有桑林[19]，楚之有云梦[20]也。此男女之所属而观也。日中，燕简公方将驰于祖涂。庄子仪荷朱杖而击之，殪之车上。当是时，燕人从者莫不见，远者莫不闻，著在燕之《春秋》。诸侯传而语之曰："凡杀不辜者，其得不祥。鬼神之诛，若此其憯遬也！"以若书之说观之，则鬼神之有，岂可疑哉！（以下省略）

今执无鬼者曰：意不忠亲之利而害为孝子乎？子墨子曰：古之今之为鬼，非他也。有天鬼，亦有山水鬼神者，亦有人死而为鬼者。今有子先其父死，弟先其兄死者矣。意虽死然，然而天下之陈物㉑曰："先生者先死。"若是则先死者，非父则母，非兄而姒也。今洁为酒醴粢盛，以敬慎祭祀。若使鬼神请有，是得其父母姒兄而饮食之也，岂非厚利哉！若使鬼神请亡，是乃费其所为酒醴粢盛之财耳。且夫㉒费之，非特㉓注之污壑而弃之也。内者宗族，外者乡里，皆得如具饮食之。虽使鬼神请亡，此犹可以合𩢲㉔聚众，取亲于乡里。

今执无鬼者言曰：鬼神者固请无有。是以不共其酒醴粢盛牺牲之财，吾非乃今爱其酒醴粢盛牺牲之财乎？其所得者，巨㉕将何哉？此上逆圣王之书，内逆民人孝子之行。而为上士于天下，此非所以为上士之道也。

是故子墨子曰：今吾为祭祀也，非直注之污壑而弃之也，上以交鬼之福，下以合𩢲聚众，取亲乎乡里。若鬼神有，则是得吾父母弟兄而食之也，则此岂非天下利事也哉！是故子墨子曰：今天下之王公大人士君子，中实将欲求兴天下之利，除天下之害，当若鬼神之有也，将不可不尊明也，圣王之道也。

【注释】

①寇乱：旧本脱"乱"字，据孙诒让《墨子间诂》补。 ②遏：旧本作"退"，从高亨《诸子新笺》说，改为"遏"。"遏"是指制止、阻止某种行为。 ③率径："率"与"术"同音，

"术"指邑中的小路。"径"也是小路的意思。　④偕：旧本作"偕"，从王念孙《读书杂志》说改。与"皆"一样，表示共同、一起的意思。　⑤教诲乎天下：此后旧本有"之疑天下之众"六字，据王念孙之说，看作衍文删去。　⑥不明察：旧本脱"不"字，据王念孙说补。　⑦仪：应当采取的标准。　⑧杜伯：侍奉周王室的大夫。杜氏是位居伯爵的大族，封邑在杜（陕西省长安县[1]杜陵）。　⑨宣王：他是恶名远扬的暴君厉王的太子，人民造反起义后厉王出逃，进入共和时期，宣王被召公、周公隐藏起来。他即位后，仰慕周初的良好风气，努力恢复周王室的权威，但其晚年多次处政失当，在千亩大败于西戎，使东周走向衰落。　⑩其后三年：旧本脱"后"字，据俞樾《群经平议》补。　⑪圃田：郑国（河南省中牟县）的水泽名称。　⑫徒：旧本作"从"，从俞樾说改。意思是徒步跟从之人。　⑬秦穆公：旧本作"郑穆公"，孙诒让指出，他书引用时均作"秦"[2]，据此改。　⑭三绝：这位神的身体是鸟的样子，所以衣服的下摆向右腿、左腿、尾巴三个方向分开。　⑮燕简公：燕国国君，公元前544年至公元前536年在位。　⑯吾君：旧本作"吾君王"，据孙诒让说改。　⑰祖：王念孙和孙诒让

1　现为陕西省西安市长安区。

2　据孙诒让说，引用此事的典籍包括《山海经》（郭璞注）、《玉烛宝典》以及《论衡》等。

认为，他书引用时为"燕之有祖泽，犹宋之有桑林"[1]，"祖"当为水泽的名称。它和宋国的"桑林"、楚国的"云梦"一样，在燕国被看作是圣地，在此举行盛大的祭祀仪式。　⑱齐之社稷：在齐国国都（山东省临淄）郊外举行的对社稷的祭祀，平民百姓也可以去观看。　⑲宋之有桑林：宋国国都（河南省商丘）的桑山的树林。此处自古就是举行求雨仪式的圣地。　⑳楚之有云梦：指云梦泽，古时在湖北省东南部广大区域内的湖泊群。也被看作楚国的圣地，在此进行祭祀。　㉑天下之陈物：此处的"陈"是"说"和"述"的意思，"物"是"事"的意思。此处指的是世间口口相传的传说、谚语等。　㉒且夫：旧本作"自夫"，据孙诒让说改。　㉓非特：旧本脱"非"字，毕沅所见一本作"非直"，故补"非"字。　㉔合骧："骧"与"欢"同义，是欢喜、快乐的意思。　㉕巨：旧本作"臣"，据秋山玉山《墨子全书》的校语，有一本作"巨"。"巨"通"讵"，是表示反问的虚词，意思是"难道""怎么会"。

【解说】笃信鬼神存在

墨家主张明鬼论，其目的究竟何在？和明鬼论成对出现的天志论，其目的在于引入上天的意志，来中止对他国的侵

1　此处的引用出自《法苑珠林·君臣》篇。

略。这是因为，"且夫天子之有天下也，辟之，无以异乎国君、诸侯之有四境之内也"（《天志中》篇），"夫取天之人，以攻天之邑"（《非攻下》篇），这些表述明确指出，上帝是天下万物的所有者。正是因此，墨家才有理由认为，侵略他国、吞并领土的行为，是在掠夺上帝的所有物，是对上天的犯罪。

与此相对，明鬼论中鬼神登场的任务，则是负责禁止个人犯罪。《明鬼下》篇这样记载了当时的状况："民之为淫暴寇乱盗贼，以兵刃毒药水火，遏无罪人乎道路率径，夺人车马衣裘以自利者，并作由此始。"随后立即指出，产生这种混乱，正是由于人们疑惑于鬼神是否存在。这样的推理方式，让明鬼论的功能显得更明确了。

而且，在省略的中间部分，这一点也能得到进一步确认。参见下面的表述：

是故子墨子曰：尝若鬼神之能赏贤如罚暴也，盖本施之国家，施之万民，实所以治国家、利万民之道也。是以吏治官府之不洁廉，男女之为无别者，鬼神见之。民之为淫暴寇乱盗贼，以兵刃毒药水火，遏无罪人乎道路，夺人车马衣裘以自利者，有鬼神见之。是以吏治官府不敢不洁廉，见善不敢不赏，见暴不敢不罪。民之为淫暴寇乱盗贼，以兵刃毒药水火，遏无罪人乎道路，夺车马衣裘以自利者，由此止。

在这里，列举了种种个人犯罪的行为，如官员的渎职和不正当行为、男女间的混乱关系、强盗和拦路打劫等，并进一步指出，只有人们相信鬼神时刻监视着这些犯罪行为，相信鬼神一定会对犯罪者降下惩罚，这些犯罪行为才会止息，社会治安才能恢复。据此，明鬼论的目的是借助鬼神的威力来禁止个人犯罪，这一点已经非常明确了。

那么，墨家为什么要把这种责任交给鬼神呢？《明鬼下》篇把鬼神具体分为三类：天之鬼、山川之鬼、死者化成的鬼。但是在《明鬼下》篇中，描述鬼神惩罚个人犯罪的具体情况时，只限于其中第三种鬼神。《明鬼下》篇还明确强调，祭祀鬼神也是对死者的供奉，这也可以说明，明鬼论中承担核心职责的，正是这种由死者化成的鬼神。而且，根据《明鬼下》篇引用的周和燕的《春秋》，这种鬼神若在生前无辜被杀，蒙受冤屈，死后就会为此复仇。所以，这些鬼神最大的特色是进行针对个人的复仇，尚未成为代表着普遍伦理、道德的监督者。而且可以说，这种鬼的复仇性质，比起墨家的鬼神论，更多地保留了远古时期鬼神的形态。只不过在杜伯和庄子仪的例子中，他们复仇的对象杀害了无辜之人，这显然是不合伦理的行为。因此，杜伯和庄子仪的复仇故事，既是一种出于私怨的个人复仇，同时也能被赋予惩罚邪恶的普遍意义。墨家指出，后世的人们都把周和燕的《春秋》作为道德教育的材料，以此来训诫子弟，这说明杜伯和庄子仪的行为已经脱离了个人复仇的领域，带上了普遍伦理的守护神色彩。

以这种理论的后续和发展为基础，墨家把鬼神设定为整个伦理的监督者，这些鬼神会针对所有的个人犯罪降下惩罚。因此，虽然鬼神负责的领域基本是个人的犯罪行为，这一点依然保留了远古的形态，但惩罚的对象已经不限于生前的私怨，而是扩展到人类普遍的犯罪行为，应该认为这种特点来自墨家的改造。

天志论已经指出，兼爱论的根本论据以及非攻论的具体论据，都在于上天的意志。与之成对出现的明鬼论，在抨击"自利者"这一点上，依然以兼爱论为根本，而且可以说，明鬼论更直接地指出，倡导恢复社会治安的尚贤论、尚同论，其论据都在于鬼神的威力。因此需要注意，天志论和明鬼论虽然是成对出现的理论，但是两者各有其负责的专门领域，而这种分工的原因，就在于上帝与鬼神有着不同的特质。

那么，明鬼论的性质，究竟是一种宗教，还是仅仅是一种权宜之策？这是需要讨论的问题。下面就此展开论述。首先给出结论。从墨子宣扬明鬼论的动机、意图来看，这完全是一种权宜之策；而如果从墨子想要塑造的鬼神信仰的形态来看，又可以毫无疑问地判定明鬼论是一种宗教。正如解说中提到的，在墨家集团的内部，墨子向门人提倡明鬼论的目的，是为了借助鬼神赏罚的威力，鼓励墨家团体的成员践行道义，从而对他们加以约束。然而，对于这种教化手段，弟子中出现了许多困惑和质疑的声音，墨子回答这些疑问时屡屡陷入窘境。于是，当墨子要求弟子侍奉鬼神——"事鬼"时，必须立刻解决的一个问题，就是证明鬼神的存在——"明鬼"。

在墨家团体的外部也产生了同样的现象。墨子为了防止犯罪，恢复社会治安，也要求团体外的人们"事鬼"。于是，正如在团体内部那样，遇到了激烈的反驳，很多人认为鬼神并不存在。因此，墨子在面对团体外部时，也有了阐述"明鬼"的必要。

如上所述，墨子对内和对外推崇鬼神信仰时，都有着明确的目的意识，如果是这样，那么就可以认为，墨子的本意是想要通过鼓吹信仰，来诱导人们做出符合伦理的行为。所以，最多只能说，墨子意图向人们灌输鬼神信仰的宗教意识，或者说，墨家思想中包含了宗教性的要素，但并不能认为墨翟本人是宗教家，墨家思想本质上是一种宗教，或者认为墨家团体本身就是宗教社团。

前面已经指出，墨家的"事鬼"主张遭到了周围的激烈反对，所以墨家不得不通过"明鬼"来做出防守。下面主要对当时的"执无鬼者"做一些说明。

　　春秋末期的孔子"敬鬼神而远之"(《论语·雍也》篇),虽然没有否定鬼神的存在,但是也说"未能事人,焉能事鬼"(《论语·先进》篇),避免主动地讨论鬼神的问题。其原因在于"不语怪力乱神"(《论语·述而》篇),孔子理解的鬼神保持着远古的形态,是一种神秘的现象,这不符合孔子以人类为中心的思想倾向。与之相反,墨子则干脆把鬼神看作实现目的的手段,在鬼神的赏罚与人类的伦理之间设置明确的因果关系,所以能够正面探讨鬼神。孔子对鬼神的"敬远"态度,在战国末期荀子的"天人之分"主张中得到了进一步的贯彻。荀子主张,天有自己的管辖领域,人类也有自己所控制的领域。而人类社会的盛衰、兴亡,仅仅取决于人类世界内部的因果关系,所以如果放弃应尽的人事,而向上天祈祷,是不会有任何效果的,这就完全贯彻了人事优先的思想。在这里,鬼神始终没有机会发挥作用。

　　无视鬼神的存在,这种思想并不限于儒家。兵书《尉缭子·天官》篇说"天官、时日,不若人事也",《汉书·艺文志》的兵书略说"顺时而发,推刑德,随斗击,因五胜,假鬼神而为助",坚决否定阴阳家的兵法学说。同样的,《孙子》也说"先知者,不可取于鬼神……必取于人,知敌之情者也"(《用间》篇),否定了靠鬼神预见未来的思想。而《六韬》则说"凡天道、鬼神，视之不见，听之不闻，索之不得。不可以治胜败，不能制死生。故明将不法"（《群书治要》卷三十一引《龙韬》佚文），以及"天道、鬼神，视之不见，听之不闻。智将不法，而愚将拘之"（《通典》卷一百六十二引《六韬》佚文），以更加尖锐的言辞，否定了鬼神的存在。兵家这些否定鬼神的言论，说明他们把战争的结果看作明确的现实现象，这比起儒家的部分主张，甚至更加激进了。

如上所述，在先秦思想界，主张鬼神存在和否定鬼神存在的思想系统并存，而整体来看，依然是前者占据优势。然而，在前者的系统中，也有下面的说法："虚其欲，神将入舍。扫除不洁，神乃留处"（《管子·心术上》篇），"思之，思之不得，鬼神教之。非鬼神之力也。其精气之极也"（《管子·心术下》篇），"鬼神之为德，其盛矣乎。视之而弗见，听之而弗闻，体物而不可遗"（《中庸》），"至诚如神"（同上），将鬼神与人心的状态结合起来，把鬼神形而上化、内在化的尝试也颇为兴盛。

与此相对，墨家的鬼神始终停留在人类之外，从外部向人类施加赏罚和祸福。尽管墨家赋予鬼神普遍的伦理性，通过改造使之顺应墨家思想的需要，但不得不说，墨家的鬼神始终披着古老的外衣。墨家的鬼神论很难获得周围的赞同，这也是其中的原因之一。

明代崇德书院二十家子书的《鬼谷子》的序文中有这样的

记载："昔仓颉作文字，鬼为之哭。"此句出典于《淮南子·本经训》："昔者苍颉作书，而天雨粟，鬼夜哭。"说的是苍颉发明文字，上天听闻后降下谷物的大雨，鬼神听闻后在夜晚哭泣。后汉的高诱在注中这样解释其理由 [1]：苍颉从鸟的足迹中获得启发，创造了文字，从此以后，原本淳朴的人类开始产生欺骗他人的邪念。于是，人们放弃了辛苦的农业劳动，开始追逐商业上的利润。（在农业生产中，不能通过欺骗土地的方式，不耕种就获得收成；而在商业活动中，却可以通过欺骗交易的对象而获得千金之利。）上天预知到，这样下去人类最终会陷入饥荒，于是怜悯人类而降下谷雨。而鬼神则害怕人类通过文字废弃自己，于是在夜晚哀伤哭泣。

根据这种解释，天会"雨粟"的原因可以理解。与之相比，鬼神"夜哭"的理由依然不甚明确。那么，听闻人类发明文字，鬼神为什么要哭泣呢？

语言，尤其是有了文字的语言，可以给一切对象命名，也就具有将万物、万名分类的功能，能够将混沌的世界变得井然有序。于是人们以文字为武器，彻底分析暧昧模糊的事物，结果，一切对象都成了人类理论探索中的猎物。鬼神知道，这种

1 　高诱注的原文为："苍颉始视鸟迹之文造书契，则诈伪萌生，诈伪萌生则去本趋末，弃耕作之业而务锥刀之利。天知其将饿，故为雨粟。鬼恐为书文所劾，故夜哭也。"

探索总有一天会波及自己，因此感到恐惧而哭泣。前引的"鬼神，视之不见，听之不闻，索之不得"这种主张，就直接说明鬼神的预感终于成真了。

尽管如此，鬼神又为何一定要在夜晚哭泣呢？不妨回想杜伯和庄子仪的例子，从中就可以看出，古代的鬼神坦荡无惧，可以在白昼时堂堂正正地出现，在众人的瞩目中复仇。鬼神绝不像蝙蝠那样，只能畏缩藏匿，徘徊在黑夜中。

可是，当人类开始运用语言和文字，优先进行理论思考，情况就变化了。人们只信奉自己的智慧和文明，不仅不再畏惧鬼神的神秘权威，有时甚至敢于嘲讽对鬼神的迷信。这样，在人类的智慧和文明的照耀下，鬼神无所遁形，只能躲在人心中黑暗的角落里。鬼神预感到自己从此只能混迹于黑暗中，所以才会在夜里，为等待着自己的悲惨命运而哭泣。

这个故事，对我们理解墨家的明鬼论有重要启示。在先秦的诸子百家中，墨家学派以优秀的理论思考著称。他们运用自己擅长的、理论和智慧，试图证明鬼神存在。然而，这就好像给幻灯片打上强光，试图使画面更加鲜明一样，只会适得其反。墨家的明鬼论，其手段与目的并不匹配，其中潜伏着根本性的矛盾。

事实上，墨家学者越是花费笔力运用理论，证明鬼神的存在就越困难。结果，在《明鬼下》篇的结尾，自己说出了"若使鬼神请亡""虽使鬼神请亡"，底线一再后退，几乎要放弃证明鬼神存在。在论述了对神的信仰之后，这里又转换立场，辩解说即使神不存在，用于祭祀的费用也并不多，祭祀的宴会又能加深邻里关系，因此祭祀费用并未全部浪费。大约无论对于哪种宗教，这样的论述都会使其威力急剧下降。其实，鬼神信仰对墨家来说只是权宜之计，墨家用鬼神最忌讳的手段来敬奉鬼神，正是这些原因让墨家走入了如此窘境。

不过，墨家通过祭祀鬼神来加深乡邻和睦的主张，在墨家思想的研究中自有其意义，此处有必要追加说明。从尚贤论、尚同论或者兼爱论来看，在墨家所设定的合理社会状况中，小家族或个人必须从乡里共同体中分离出来。墨家秉持功能主义和非血缘思想，排斥"下比"（《尚同上》篇）——依托地缘、血缘关系的结党营私行为，这些都加深了上述印象。然而，这种对血缘、地缘关系的排斥，仅仅出现于它们妨碍公义伸张的时刻，而绝不意味着墨家会否认一切地缘、血缘关系。《明鬼下》篇试图在"内者宗族""外者乡里"的范围内加强和睦关系，就是对以上观点的最好证明。只要不流于私利私欲，造成社会混乱，墨家也提倡在宗族、乡里的范围内发展一种自律的关系。而且，有的观点以尚同论为理由，认为墨家主张以君主的独裁专制支配人民，为了反驳这种粗暴的看法，上述的墨家思想也值得认真对待。

第十章 非乐上

非乐论现仅存上篇。此处翻译除结尾以外的主要部分。

沉溺音乐是亡国之兆

墨子说：仁人所奋斗的事业，必定以振兴天下的利益、祛除天下的祸害为目标。所以，在向天下推行一种必须遵守的规范时，如果这措施对人们有利，就要立为规范；如果对人们不利，就要立刻废止。而且，仁人为天下人制订计划时，绝不会从自己出发，不是为了满足自己的眼睛、耳朵、嘴巴和身体的欲望。为了满足自己感官上的快乐，就去损耗人民、剥夺人民生活必需的衣食物资，仁人绝不会做出这种事情。所以墨子批评音乐的原因，并不是认为大钟、鸣鼓、琴瑟、竽笙的音色不优美动听，也不是觉得雕刻、刺绣的文采不美丽，也不是感到烧烤炖煮牛羊猪狗制成的菜肴不美味，更不是认为有高台层楼、面积广大的住宅不舒适安乐。（墨子也是人，所以）身体能感受到舒适安乐，嘴巴能感受到美味，眼睛能感受到美丽，耳朵能感受到动听，可是，对于这种感官上的娱乐，如果用高尚的标准来判断其是非，它不符合圣王的事迹；如果用浅近的标准来判断其得失，它不符合万民的利益。因此墨子说：不能沉溺于音乐！

现在王公大人们，命人大肆制造乐器，把这当成国家的事业。（然而乐器的制作）不是舀一点水洼里的积水、剥一点墙壁上的墙泥，（把材料混成黏土）就能制造成功的。需要向天下万民征收重税，用来制作大钟、鸣鼓、琴瑟、竽笙。就算是这样，如果使用乐器可比作圣王制造船只车辆，有相同的特点，那么我也不至于非要反对这种行为。古代的圣王（像现在的王公大人一样）也曾经向天下万民征收重税，用这些税收来制造船只车辆。制成之后，圣王说道："那么，我应该把这些东西用在何处呢？"得到回复说："船只用于水上的交通，车辆用于陆地的交通。这样的话，君子（不必徒步劳顿）双脚就能得到休息，平民（不必背负重物行走）肩膀和脊背就能得到休息。"所以天下万民拿出财物，用于制造船只车辆，但却没有人因此感到怨恨，这是为什么呢？这只是因为，征收财物用来制造船只车辆，这最终又回归为百姓本身的利益。然而对于乐器，如果它们最终也能像船只车辆一样，符合百姓的利益，那么我也绝不会反对。不过对人民来说，始终存在下面三种忧患。饥饿的人得不到食物，寒冷的人得不到衣服，劳苦的人得不到休息。这三种生活的苦难，是困扰人民的巨大忧患：那么，假设为了消除这些忧患，撞响巨钟，击响大鼓，奏响琴瑟，吹响竹笛，挥舞着盾牌和斧钺跳舞，这样做了之后，人民能否获得生活需要的物资，衣食能否齐备呢？我认为绝不是这样的。就算不考虑以上情况，如今的世上，有大国侵略小国的现象，也有大家族攻伐小家族的情况。强者恐吓弱者，多数欺凌少数，智者欺骗愚人，高贵之人傲视低贱之人，暴徒和强盗贼寇四处横行，无法制止。那么，假设为了消除这些忧患，提出下面的方案：撞巨钟、击大鼓、奏琴、吹笙、手持盾牌和斧钺跳舞，这样就能立刻平定天下的混乱吗？我认为绝不是这样的。

因此墨子说：不妨向人民征收重税，用得到的财物制作大钟、鸣鼓、琴瑟、竽笙，组成大型乐团来演奏音乐，试着以此来增加天下的利益，消除天下的祸害。最后的结果一定是于事无补。所以墨子说：不能沉溺于音乐！

现在王公大人们整天在高台层楼上挺胸叠肚，俯视着（庭院中陈列的）乐器。从高处看去，钟就像是翻倒的鼎一样。如果不撞响这钟，（那就好像只是在看着鼎的底部，）能得到什么乐趣呢？这种思路的结果，必然是选择撞响钟。而为了不断撞响巨钟，当然不能驱使老人和孩子。这是因为，老人和孩子耳目不敏锐，手足不敏捷强健，歌声与音乐不和谐，肩膀的力量也不足以耐受激烈而持续的击打。因此，就一定要动用青壮年。他们耳聪目明，身体敏捷强壮，音准合适，肩膀有力，能耐受持续的击打，依靠这些来进行演奏。让正值壮年的男人承担这个任务，就会剥夺他们勤奋务农的宝贵时机；让正值壮年的女人承担这个任务，就会荒废她们纺线织布的工作。现在，王公大人们一味沉溺于音乐，损耗剥夺人民生活必需的衣食财物，牺牲这些来演奏音乐，其祸害就是如此巨大。因此墨子说：不能沉溺于音乐！

假如现在，大钟、鸣鼓、琴瑟、竽笙这些乐器已经完备，王公大人让乐团秩序井然地演奏乐器，而独自一人呆呆地听着，这样又能得到什么乐趣呢？这种思路的必然结果，就是召集人民一起聆听，要不然就是与官吏们同聚一堂，共同聆听。如果和官吏们一起聆听音乐，就会让他们荒废政务；如果和人民一起聆听音乐，就会让他们废弃生产活动。如今世上的王公大人，一味沉溺于音乐，消耗和剥夺人民生活必需的物资，叮叮咚咚地演奏音乐，其危害就是这样巨大。因此墨子说：不能沉溺于音乐！

从前，齐康公对舞乐产生了浓厚的兴趣，不让舞乐团的舞者穿粗制的衣服，不让他们吃糟糠制作的粗茶淡饭。康公的想法是这样的："如果他们平时吃的饭菜不丰盛，一旦跳起舞来，舞者的脸色和容貌就不足以让人欣赏。如果不给他们穿华美的衣服，无论舞蹈多么优秀，他们的姿容和体态都不足以让人欣赏。"所以其结果就是，舞者的食物一定都是黄米和肉制作的美味佳肴，衣服一定是布满花纹和刺绣的高级服装。这样，舞者们就完全不用从事劳动，不生产生活物资，仅仅靠别人的劳动来供养他们。因此墨子说：如今的王公大人们，振兴毫无用处的音乐，剥夺和损害人民的衣食财物，以此来演奏音乐，其危害就是这样巨大。因此墨子说：不能沉溺于音乐！

而且从根本上看，人类本来就与禽兽、麋鹿、飞鸟、昆虫完全不同。禽兽、麋鹿、飞鸟、昆虫用（它们生来就有的）羽毛当衣服，用（它们生来就有的）蹄子和爪子当裤子鞋子，用（自然界生长的）水和草直接当饮料和食物。所以，即使雄性不专门从事农业，雌性不专门纺线织布，它们所必需的衣食物资，都是天生的或大自然中直接具备的。然而人类却不是这样。人类依靠人的努力才能生存下去，没有人的努力就无法维持生存。也就是说，如果统治者不勤于政务，立刻就会导致社会治安和政治局面的混乱（人类社会的秩序难以维持）；人民不努力生产财富，立刻就会导致生活物资的缺乏。现在，天下的士人君子如果认为我的主张不正确，那么，下面不妨列举人类社会所必需的各项分工，试着观察音乐（对这些分工的）危害。

王公大人这些统治阶层，他们早晨上朝傍晚退朝，忙着裁决诉讼，执行政务。这是他们应当承担的分工。官吏们用尽体力，耗尽智慧；负责内务的官吏努力完成官府的工作，负责外务的官吏则努力从关卡、市场、山林、水泽中征收税金和物产，以此充实国家的财政，这是他们应当承担的分工。农夫从早到晚辛勤从事农业，尽量收获更多谷物，这是他们应当承担的分工。妇女从早上到半夜辛勤纺线织布，尽量生产更多的麻纱丝，织成布匹，这是她们应当承担的分工。现在，如果作为王公大人，过分热爱音乐，沉溺于欣赏演奏，肯定就无法从早到晚地裁决诉讼，处理政务。其结果，国家就会陷入混乱，面临政权灭亡的危机。现在，如果作为官吏，过分热爱音乐，沉溺于欣赏演奏，就肯定无法用尽体力和智慧，对内处理官府事物，对外从关卡、市场、山林、水泽中收取利益，充实国库。其结果，国家财政一定会出现亏空。现在，如果作为农夫，过分热爱音乐，沉溺于欣赏演奏，肯定无法从早到晚辛勤从事农业，增加谷物的收成。于是谷物产量就一定会不足。现在，如果妇女过分热爱音乐，沉溺于欣赏演奏，就肯定无法从早到晚纺线织布，大量加工丝线，织成布匹。因此，布匹的产量就不能增加。据此来看，究竟是什么使统治阶层荒废政务，人民废弃生产活动呢？答案当然是音乐。因此墨子说：不能沉溺于音乐！

【原文】

子墨子言曰：仁者之事者^①，必务求兴天下之利，除天下之害。将以为法乎天下，利人乎即为，不利人乎即止。且夫仁者之为天下度也，非为其目之所美，耳之所乐，口之所甘，身体之所安。以此亏夺民衣食之财，仁者弗为也。是故子墨子之所以非乐者，非以大钟^②、鸣鼓、琴瑟、竽笙之声，以为不乐也；非以刻镂^③文章^④之色，以为不美也；非以犓豢^⑤煎炙^⑥之味，以为不甘也；非以高台厚榭^⑦邃野^⑧之居，以为不安也。虽身知其安也，口知其甘也，目知其美也，耳知其乐也，然上考之，不中圣王之事；下度之，不中万民之利。是故子墨子曰：为乐非也！

今王公大人，唯无造为乐器，以为事乎国家，非直掊潦水、折坏垣而为之也。将必厚措敛乎万民，以为大钟、鸣鼓、琴瑟、竽笙之声。然则当用乐器^⑨，譬之若圣王之为舟车也，即我弗敢非也。古者圣王亦尝厚措敛乎万民，以为舟车。既以成矣，曰："吾将恶许用之？"曰："舟用之水，车用之陆，君子息其足焉，小人休其肩背焉。"故万民出财赍^⑩而予之，不敢以为戚恨者，何也？以其反中民之利也。然则乐器反中民之利，亦若此，即我弗敢非也。民有三患也：饥者不得食，寒者不得衣，劳者不得息。三者民之巨患也。然即当为之撞巨钟，击鸣鼓，弹琴瑟，吹竽笙，而扬干戚[11]，民衣食之财，将安可得而具乎？即我以为，未必然也。意舍此，今有大国即攻小国，有大家即伐小家。强劫弱，众暴寡，诈欺愚，贵傲贱，寇乱盗贼并兴，不可禁止也，然即当为之撞巨钟，击鸣鼓，弹琴瑟，吹竽笙，而扬干戚，天下之乱也，将安[12]可得而治与[13]？即我以为，未必然也。是故子墨子曰：姑尝厚措敛乎万民，以为大钟、鸣鼓、琴瑟、竽笙之声，以求兴天下之利，除天下之害，而无补也。是故子墨子曰：为乐非也！

今王公大人，唯毋处高台厚榭之上而视之，钟犹是延鼎[14]也。弗撞击，将何乐得焉哉！其说将必撞击之。唯勿撞击，将必不使老与迟者。老与迟者，耳目不聪明，股肱不毕强[15]，声不和调，肩不转朴[16]。将必使当年，因其耳目之聪明，股肱之毕强，声之和调，肩之转朴。使丈夫为之，废丈夫耕稼树艺之时；使妇人为之，废妇人纺绩织纴之事。今王公大人，唯毋为乐，亏夺民衣食之财，以拊乐如此多也。是故子墨子曰：为乐非也！

今大钟、鸣鼓、琴瑟、竽笙之声，既已具矣。大人锈然奏而独听之，将何乐得焉哉？其说将不与贱人必与君子。与君子听之，废君子听治；与贱人听之，废贱人之从事。今王公大人，唯毋为乐，亏夺民之衣食之财，以拊乐如此多也。是故子墨子曰：为乐非也！

昔者齐康公⑰，兴乐万⑱。万人不可衣短褐，不可食糠糟。曰："食饮不美，面目颜色不足视也。衣服不美，身体从容不足观也。"是以食必粱肉，衣必文绣。此常不从事乎衣食之财，而常食乎人者也。是故子墨子曰：今王公大人，唯毋为乐，亏夺民衣食之财，以拊乐如此多也。是故子墨子曰：为乐非也！

今人固与禽兽、麋鹿⑲、蜚鸟⑳、贞虫㉑异者也。今之禽兽、麋鹿、蜚鸟、贞虫，因其羽毛以为衣裘，因其蹄蚤以为绔屦，因其水草以为饮食。故虽使雄不耕稼树艺，雌亦不纺绩织纴，衣食之财固已具矣。今人与此异者也。赖其力者生㉒，不赖其力者不生。君子不强听治，即刑政乱；贱人不强从事，即财用不足。今天下之士君子，以吾言不然，然即姑尝数天下分事，而观乐之害。王公大人蚤朝晏退，听狱治政，此其分事也。士君子竭股肱之力，亶其思虑之智，内治官府，外收敛关市、山林、泽梁之利，以实仓廪府库，此其分事也。农夫蚤出莫入，耕稼树艺，多聚叔粟，此其分事也。妇人夙兴夜寐，纺绩织纴，多治麻丝葛绪㉓，绌布缭㉔，此其分事。今唯毋在乎王公大人，说乐而听之，即必不能蚤朝晏退，听狱治政。是故国家乱，而社稷危矣。今唯毋在乎士君子，说乐而听之，即必不能竭股肱之力，亶其思虑之智，内治官府，外收敛关市、山林、泽梁之利，以实仓廪府库。是故仓廪府库不实。今唯毋在乎农夫，说乐而听之，即必不能蚤出莫入，耕稼树艺，多聚叔粟㉕。是故叔粟㉕不足。今唯毋在乎妇人，说乐而听之，即必不能㉖凤兴夜寐，纺绩织纴，多治麻丝葛绪，细布缲。是故布缲不兴。曰：孰为而废㉗大人之听治、贱人之从事？曰：乐也。是故子墨子曰：为乐非也！（以下省略）

【注释】

①仁者之事者：旧本脱"者"字，据孙诒让《墨子间诂》补。　②大钟：指乐器。　③刻镂："刻"是在木材、石材或金属上雕刻装饰的纹样；"镂"是在金属上进行装饰，包括雕刻纹样、镶嵌玉石或贝壳等。旧本此后有"华"字。毕沅说一本无此字，吴毓江《墨子校注》认为"华"字后当补"饰"字，此处暂删去。　④文章：此处的"文"是纹样、花纹的意思；"章"也是花纹、装饰的意思。　⑤犓豢："犓"与"刍"同，指吃草料的牛羊一类牲畜；"豢"指吃谷物的狗和猪一类牲畜。此处意思是用这些牲畜的肉制作的菜肴。　⑥煎炙："煎"是炖煮的食物；"炙"是烧烤的肉类，也是美味的菜肴。　⑦厚榭：在高大的台基上建筑的高层宫殿。　⑧邃野：王引之《经传释词》说"野"与"宇"古音相通，故此处的"野"与"宇"同义。"宇"是住房的意思，"邃"是深的意思，两字合起来，指幽深宽敞的住宅。　⑨然则当用乐器：旧本中，此句在后文的"民有三患"之前，但是这样前后文意

不通，故移至此处。　⑩财赍：此处的"赍"同"资"，是财物、物资的意思。　⑪干戚："干"是盾牌，"戚"是斧斤，古人手持这两种武器跳舞。　⑫安：王引之说"安"是"于是"的意思。　⑬得而治与：旧本"得"下脱"而治"二字，据王引之校订补。　⑭延鼎：孙诒让说此处的"延"是"偃覆"之义，也就是弄翻、弄倒的意思。　⑮毕强：孙诒让说此处的"毕"是迅疾、迅速的意思。　⑯肩不转朴：旧本此处的"肩"作"明"，下文的"肩"作"眉"，然据渡边卓《墨子（上）》（全译汉文大系）说，均改为"肩"。"朴"通"扑"，"扑"是扑打、击打的意思。　⑰齐康公：齐国国君，公元前404年至公元前379年在位。公元前386年，被掌权的重臣田和赶出国都，流放到海滨。从此，分封给太公望吕尚的姜姓齐国断绝了传承，政权落入田氏之手，此后的齐国被称为田齐。此外，墨子与齐康公大致是同时代的人，但《非乐》篇却用"昔"来讲述康公的故事，乍看之下似乎与时代不符。但是观察古书的用例，"昔"并不限于指遥远的过去，而是表示广泛的过去，包括昨天或者前一段时间这种很近的过去。所以"昔者齐康公"这种表述，并不为怪。　⑱乐万：此处的"万"是舞蹈或舞者的意思。　⑲麋鹿："麋"是驯鹿那样大型的鹿。　⑳蜚鸟：同"飞鸟"。"蜚"通"飞"。　㉑贞虫：宋翔凤说"贞"通"征"，此处的"贞虫"是"征虫"之义。

"征"是前行、移动的意思。 ㉒赖其力者生：旧本"生"作"主"，据毕沅校订改。后文的"生"同。 ㉓麻丝葛绪："麻"是麻纱，"丝"是丝绢，"葛"是用葛茎的纤维制作的葛线，"绪"通"绬"，是用"绬"这种麻制作的线。 ㉔绷布缲：旧本"绷"作"细"，从卢文弨校订改。"绷"同"捆"，是将捻成的线密密地纺织成布。"布"指麻布。旧本"缲"作"缲"，据王念孙校订改。"缲"同"缣"，是纺织细密的绢布。 ㉕是故叔粟：旧本脱此四字，据王念孙说补。 ㉖必不能：旧本脱"能"字，据毕沅说补。且旧本作"不必"，据孙诒让说调整语序。 ㉗而废：旧本此二字在"听治"之后，据俞樾《诸子平议》说移至此处。

【解说】音乐无法拯救人们的不幸

非乐论否定音乐，其主张是比较明确的。然而，为了充分理解非乐论的思想意义，就不仅要关注非乐论内部的理论脉络，更需要考虑音乐在古代中国的意义，在对比中展开讨论。

那么，在古代的中国，音乐有着怎样的意义呢？首先要指出的一点意义是，音乐表现了宇宙的规则性。古代中国人最关心的一个问题是，宇宙究竟是毫无秩序的一片混沌，还是按照一定的规律法则在运行？这种关心的原因在于，人类社会也是宇宙的一部分，被宇宙统摄着。如果宇宙本身是毫无法则的一片混沌，而其统摄下的人类社会却独自保有一定的秩序，这就显得很不合理。所以，要想让人类社会按照一定的秩序运行，其大前提就是，人们必须要确认，宇宙遵循一定的法则运行，是一个井然有序的实体。这是关系到人类社会存亡生死的问题。

于是古代中国人努力寻找宇宙的规律性，而他们最先注意到的，就是天体运行的规律。在天上，北极星的位置恒定，它的周围众星环绕，星宿维持着不变的相对位置关系，行星在天空中描绘出复杂的运行轨迹，太阳的升降带来昼夜交替，月亮有盈亏变化，春夏秋冬（四时）依次推移，这些自然天象，都展示出一定的规律性，可以通过数学方法计算出来。

而宇宙规律性的另一个体现，就是音阶的规律性。乐器所发出的音阶，具备超越时空的普遍性，而且音阶高低的变化，也可以通过数学方法计算。

因此，天文和音律就成了不可或缺的法则，它们使人们确信，宇宙是一个秩序井然的实体。在周王朝，天文由执掌历法的史官管辖，音律则由执掌音乐的瞽官管辖。瞽指的是盲人乐师。而天文和音律，都被称为天道——宇宙的运行规律，根据《汉书·律历志》的记载，天文和音律的术语互相关联对应[1]。而且，由于音乐承担了这样的职责，人们就要求音乐始终表达一种前定和谐[2]的世界观。

音乐在古代中国的第二个意义是，它具有巫术的性质。正所谓"史以天占人"（《法言·五百》篇），史官用天道来占卜未来的祸福吉凶，而同样执掌天道的瞽官，也通过吹律、听声来占卜未来。如前所述，人们认为乐器发出的音律向人类传达了天界的法则，所以可以通过音阶预先做出判断，了解上天将要向人类施加怎样的祸福。于是，周天子大规模出兵之时，史官之首（大史）和瞽官之首（大师）等人，一定会同车随军，他们承担了占卜天道、预测胜负的职责。

这种官制，随后从周王室普及到了中华范围内的各国。据记载，南方的楚国北上攻击中原的晋国时，"师旷曰：'不害。吾骤歌北风，又歌南风，南风不竞。多死声。楚必无功。'董叔曰：'天道多在西北。南师不时。必无功。'"（《左传·襄公

1　例如，《汉书·律历志》将表示次序的十二天干、天文上的十二月和音律上的十二律对应起来："律十有二，阳六为律，阴六为吕。律以统气类物，一曰黄钟，二曰太族，三曰姑洗，四曰蕤宾，五曰夷则，六曰亡射。吕以旅阳宣气，一曰林钟，二曰南吕，三曰应钟，四曰大吕，五曰夹钟，六曰中吕。……黄钟……始于子，在十一月。大吕……位于丑，在十二月。太族……位于寅，在正月。夹钟……位于卯，在二月。姑洗……位于辰，在三月。中吕……位于巳，在四月。蕤宾……位于午，在五月。林钟……位于未，在六月。夷则……位于申，在七月。南吕……位于酉，在八月。亡射……位于戌，在九月。应钟……位于亥，在十月。"

2　前定和谐（pre-established harmony）是德国哲学家莱布尼茨（1646—1716）提出的观念，认为世界由单子构成，每个单子独立发展，但是彼此之间又能够和谐互动，这是因为上帝预先安排，使整个世界保持和谐一致的状态。

十八年》）晋国的瞽官师旷通过吹律、听声，史官董叔通过观测天体运行，各自占卜预测了楚军将会战败。瞽史的这种天道观，体现了天人相关、天人感应的思想立场，这种思想认为天事与人事紧密关联，与之相反，还存在一种人事优先的思想，如"吾非瞽史，焉知天道"（《国语·周语下》），对瞽史的天道观加以批判。尽管如此，瞽史的这种天道观还是形成了巨大的阴阳五行思潮。阴阳流兵法就是其中之一，据兵书《六韬》记载，"武王问太公曰：'律音之声，可以知三军之消息、胜负之决乎？'太公曰：'深哉王之问也。夫律管十二，其要有五音：宫、商、角、徵、羽，此其正声也。万代不易，五行之神，道之常也'"（《龙韬·五音》篇）。这是针对围攻敌人堡垒的情况，提出一种战术，用吹律的方法预判哪个方向更容易攻破。这种兵法就吸收了瞽史的天道观，正所谓"大师，执同律以听军声，而诏吉凶"（《周礼·春官·大师》）。

而且，音乐还有一种性质，它强烈刺激人们的感官，让人陶醉，最终使人的精神极度兴奋，也就是说，音乐能够造成所谓的神灵附体。这种性质，就与各种祭祀仪式，民间巫祝（萨满）的咒术结合起来，用于施加法术，把人类的灵魂暂时抽离身体，让神灵暂时依附其上，以此听取人类通常听不到的神谕，并传达给人类。这种巫术性质，和前文那种用音律预测未来的占卜，错综复杂地结合在一起，使音乐染上了显著的神秘性、魔术性色彩。战国末期的邹衍，鼓吹阴阳五行思想，一跃成为时代的宠儿，据记载，"燕有谷。气寒，不生五谷。邹衍吹律致气，既寒更为温，燕以种黍，黍生丰熟，到今名之曰黍谷"（《论衡·定贤》篇），他能够通过吹律来影响天气，让寒冷的气候转暖。邹衍继承了史官用天文、历法、阴阳状况预测未来的传统，以及瞽官的吹律传统，是将阴阳五行思想系统化的人物。其实，如果考虑到古代中国人赋予音乐的特殊意义，邹衍那魔术般的吹律，不如说是理所当然的行为，其中体现了音乐的性质。因为音律是让天人之间相互感应的媒介，一方面，它能向人类预示上帝、神灵的意志和天道的运行，另一方面，它能从外部动摇人类的感情，或者是反过来，把人类的感情寄托在乐器的发音中，从而对天产生影响。

古代中国人赋予音乐的另一意义，则是让它成为礼法教化的手段之一。人们认为，传说中为古代圣王所作的几种音乐，必然包含了圣王的伟大理念以及各王朝的精神文化。事实上，前文中音乐被赋予的第一个意义，即音律体现了宇宙的秩序与和谐，与此处的特点是互相关联的。所以，通过聆听这样的音乐，人心能够得到陶冶，人民能够获得教化。正如以下记载："子在齐闻《韶》。三月不知肉味。曰：'不图为乐之至于斯也。'"（《论语·述而》篇）以及"子谓《韶》：'尽美矣，又尽善也。'"（《论语·八佾》篇）孔子之所以醉心于舜所作的

《韶》乐，正是因为可以从中感受到舜的理念。也就是说，在孔子看来，"乐云乐云，钟鼓云乎哉"（《论语·阳货》篇），音乐不仅仅意味着演奏乐器，而且"子曰：'兴于诗，立于礼，成于乐。'"（《论语·泰伯》篇）"乐节礼乐"（《论语·季氏》篇），它和礼一起陶冶人心，是重要的教化手段。因此，孔子会要求"乐则《韶》《舞》，放郑声"（《论语·卫灵公》篇），并"恶郑声之乱雅乐"（《论语·阳货》篇），而得知弟子子游用音乐教化武城的人民后，尽管嘲笑说"割鸡焉用牛刀"，但同时也露出了满意的微笑[1]。事实上，这种思想，也正是来自于"天子听政，使公卿至于列士献诗，瞽献曲，史献书……瞽史教诲"（《国语·周语上》）的瞽官传统。

此外，音乐还具有其他效果。在乡里举行祭祀、婚礼时，演奏音乐，载歌载舞，这种行为能够加深乡里共同体的和睦关系。而且，儿童吟唱的劳动号子——童谣，通过天象的推移来预测君主的倒台，替无处诉苦的人民向统治者发声，也就承担了政治批判的职责。底层人民一边辛苦劳动，一边低声歌唱，这歌声正如项羽被包围时的四面楚歌，又如托马斯·哈代的诗剧《列王》中的合唱，它仿佛沉重而低回的波涛，暗暗传达着

---

1 见《论语·阳货》篇："子之武城，闻弦歌之声。夫子莞尔而笑，曰：'割鸡焉用牛刀？'子游对曰：'昔者偃也闻诸夫子曰："君子学道则爱人，小人学道则易使也。"'子曰：'二三子！偃之言是也。前言戏之耳。'"

人民对苦难的悲叹之声，并宣告着上天的意志：绝不原谅傲慢的统治者。荀子借助"相[1]"的形式，批判君主执政失当（《荀子·成相》篇），也是利用了劳动号子的这种特点，目的是给人们留下强烈的印象，让人们感到他的主张有着广泛的舆论和民意背景。

以上大致概括了古代中国人赋予音乐的各种特点。把这些特点与非乐论的内容进行对比，就能看出墨家对音乐的态度很是特殊。宇宙规律的表现也好，巫术性质的天人感应也罢，礼教的手段也好，宣告民意的政治批判也罢，墨家把一切思想性都从音乐中排除出去，认为音乐除了单纯的娱乐之外，不具有任何意义。因此，音乐对墨家来说，既不是音律（天道）也不是礼乐，除了感官享受以外别无意义，既然如此，当然无法从中发掘出思想上的价值。而且，如果只重视财富的生产和消费，只讨论音乐的实用性、效率性，那么就看不到音乐有什么积极的意义，只能凸显出它阻碍生产、浪费财富的有害一面。所以音乐就被打上了负面的烙印，遭到排斥。这种现象如实反映出，墨家对上天和内心的领域都缺乏关注。尽管墨家在天志论中强调了上天的意志，也可以认为这是在密切地关注上天，但墨家对上天的关注，仅仅集中于拟人化的天神即上帝。这意

---

1 "相"是先秦时期一种说唱艺术，《荀子·成相》篇借助这种形式来说理，全文为韵文，且文句字数规律，便于吟唱。

味着，墨家虽然也口称上天，可是在墨家思想中，几乎不探讨作为规律、法则的天。

而且，墨家思想中，也基本缺失对人类内心的思考。墨家看待人类，始终只关注他们维持人类社会持续存在的功能。所以，人类只是整个社会分工体制中的一员，墨家仅仅从外部观察他们。对于排除了社会功能的人类个体，墨家并不关心其内部精神生活中的问题。所以，人类的五感和内心等等，这些复杂的结构，从来就不是墨家关注的对象。而天人感应思想，正是用音律的规律性和巫术性把上天与人类结合起来，由于墨家不关心天的内部结构和人类的内心结构，所以这种天人感应在墨家的思想体系中就无法获得一席之地。音乐是上天规律的表现，是联通天与人的巫术，这样的想法意味着，音乐不再是单纯的"乐"，而是一种"律"，在这种情况下，竽笙这类管乐器就得到了格外的重视，而"吹律"这个词的字面意思，正是指吹奏管乐器。这是因为演奏管乐器时，人要先把属于天的气息从外界吸入内部，再将这种气息通过乐器的管吐出来，吹到外界。也就是说，与打击乐器、弦乐器不同，只有管乐器具有特定的结构，能够让人类以乐器为媒介，把天气变换为人气，再把人气变换为天气，通过这种方式，实现上天与人类内部的直接交流、联通。而阴阳家的理论，以阴阳二气的消长和五行之气的循环为中心，主张预测天道，调节天气，所以对他们来说，吹律有着极为重大的意义。

而墨家认为，上天是拟人化的至高之神，是裁决者，他从外部对人类的善恶施加赏罚。尽管这种赏罚中包括天气的异变，但是，墨家的理论并没有把整个宇宙看作"气"的消长、循环系统，也不认为宇宙和人类都是"气"构成的同质体、连续体。所以，虽然管乐器对阴阳家有着重要的意义，但在非乐论中，它只是单纯地和钟、大鼓、琴等乐器并列，在墨家看来，管乐器仅仅是乐器中的一类而已。

不过，墨家非乐论看待音乐的这种视角虽然不免狭隘，但非乐论中确实也包含了对当时社会现实的尖锐批评。非乐论指出，王侯、贵族演奏的音乐，需要组织大型的乐团，并把音乐合奏与歌舞表演结合起来。墨家提出批评，认为统治者不顾人民的悲惨生存状况，而沉溺于歌舞和音乐，这种风气是不仁的表现。从春秋末期到战国，饿死和冻死之人的尸体倒在沟壑之中，人民生活困苦，终日悲叹，这种状况与极尽奢侈华美的舞乐形成了鲜明的对比，从这个角度看，尽管墨家的立场显得狭隘，但也必须承认，墨家否定音乐的主张确有一定的根据。

最后要探讨的是，非乐论涉及了人类的独特性。墨家把人类与野生的鸟兽做对比，从而指出，如果仅仅依靠天然条件，人类就无法在严酷的自然环境中生存。所以，必须通过人的努力去影响自然界，把自然物改造成人类可利用的财富形式，并进一步指出，这种行为——劳动——才是维持人类社会的必要条件。这种观点，一方面认定人类作为生物非常脆弱，另一方面也是出于一种对于人类和自然的危机意识，认为自然界并不友善，人类若贪图安逸，就无法在其中生存。以这种思想为基础，就产生出了一系列的主张，包括强调节约物资、控制消费的节用论、节葬论，以及强调必须人为生产、从事劳动的非乐论、非命论。而此处强调了人类在自然面前的独立性，如前所述，这种看法又对荀子"天人之分"理论的形成有很大影响。

第十一章　非命上

非命论现存上、中、下三篇。此处翻译上篇全文。

唯勤能避祸

　　墨子说：现在统治国家的王公大人，都希望国家富裕、人口增加、治安稳定。但是事实上，国家没有富裕反而贫穷，人口并不增加反而稀少，治安未能稳定反而混乱。这正可谓失去了自己所期望的，反而得到了自己所憎恶的。其原因究竟是什么呢？墨子说：这是因为在人民中，存在着许多主张宿命论的人。宿命论者如此鼓吹说："如果人命中注定富裕的话，就能够有钱，命中注定贫困的话，就只能受穷。命中注定子孙满堂的话，就能够多子多孙，命中注定缺少子孙的话，就只能子孙稀少。命中注定治安稳定的话，就能够维持稳定，命中注定治安混乱的话，就只能忍受混乱。命中注定长寿的话，就能够长命百岁，命中注定短命的话，就只能夭折。（如果万事都是如此，那么）在命运面前，无论怎么勤勉努力，也不可能有任何帮助。"宿命论者用这种理论，对上游说王公大人，对下妨碍人民从事生产劳动。所以说，宿命论者不希望别人幸福，他们是不仁之人。因此，对于宿命者的言论，一定要明确地分析（其荒谬之处）。那么，要想明确地批判宿命论，指出其欺骗性，应该怎么做呢？

墨子说：阐发议论时，必须有一定的标准。如果进行论述时完全不确立标准，打个比方来说，那就好像是在旋转的转轮上安置了指示时间的标记，随口就说现在是早上还是晚上。这样的话，就让人无法辨别（那种言论）是对的还是错的，对社会有益还是有害。因此，要判断言论是否正确，必须要用三种标准来衡量。那么，这三种标准具体指的是什么呢？墨子说：第一是言论要有一定的基础，第二是言论要有一定的根据，第三是言论要有一定的作用。言论的基础究竟是什么呢？应该上溯古代圣王的事迹作为言论的基础。言论的根据究竟是什么呢？应该对下体恤人民，以他们真实的感受作为言论的依据。那么最后，言论的作用是什么呢？如果把言论的内容作为国君的政令，在国内发布后，经过观察发现，这种政策确实符合国家和人民的利益，那么这种实际的结果就可以作为言论的理据。这样的论证方法，就具备了所谓的三种标准。

那么，当今天下的士人君子，如果有人认为命运是存在的，为什么不试着上溯上古圣王，看看他们的事迹呢？古时候，夏桀使天下陷入混乱，商汤继承天下后，却实现了安定的统治。商纣王使天下陷入混乱，周武王继承天下后，却实现了安定的统治。这些事实说明，尽管天下的情况没有变化，人民的状况也没有改变，但夏桀和商纣王统治时，天下就混乱，商汤和周武王统治时，天下就安定。（这样看来，治乱完全取决于人的努力与否，）怎么能说这世上存在宿命呢？当今天下的士人君子，如果有人相信命运是存在的，为什么不试着参考上古先王留下的典籍呢？在先王留下的典籍中，宪法是公布给全国人民的规范，让人民全都贯彻遵守。先王制定的这种规范，难道有记载说，幸福无法追求，灾祸无法避免，恭敬的行为对自己无益，暴虐的行为对自己无害吗？（在先王留下的典籍中，）刑法用来裁决诉讼，判决罪行。先王制定的刑法中，难道有记载说，幸福无法追求，灾祸无法避免，恭敬的行为对自己无益，暴虐的行为对自己无害吗？（在先王留下的典籍中，）誓约（是在军队出击时君王与将士们互相许下的誓言，）用来整合、编制军队，统一指挥各部队的行动。先王制定的誓约中，难道有记载说，幸福无法追求，灾祸无法避免，恭敬的行为对自己无益，暴虐的行为对自己无害吗？基于这些事实，墨子说：我自己也并没有阅尽先王留下的典籍，并一一分类。天下可以作为规范的好书，本来就无法全部阅览，逐个分类。但是大部分的书籍，基本上都可以用宪法、刑法、誓约这三类来概括。在这些典籍中拼命寻找，搜寻前文那些宿命论者的言论，依然无法找到这样的记载。这样看来，还是应该抛弃（宿命论）吧。

现在，如果将宿命论者的言论应用在现实政治中，这种做法是在颠覆天下的正义。颠覆天下正义的人，向人民灌输宿命论，看到人民的忧郁悲伤而窃喜。他们以人民的忧患为乐，这正是毁灭天下的做法。那么，（与之相反，）人们希望正义之人成为天子，这是为什么呢？其原因在于，如果正义之人成为天子，天下一定会平稳安定，而上帝、山川、神灵、鬼神等，就会帮助那个代表天下祭祀自己的宗主，也就是天子，其结果就是，天下万民都能够获得上帝、山川、神灵、鬼神所赐予的恩惠。这是根据什么知道的呢？墨子说：远古时期，商朝的汤王被封在亳（现在的河南省）。他的领地，截长补短为正方形计算，也只不过是边长百里的四方形之地而已。汤王执政时，与他国内的居民一起，不分你我地互相关爱，彼此施与利益；若有余钱和余力，就分给贫穷的人；率领国内的人民，对上尊敬上帝，侍奉鬼神。于是，上天和鬼神就让汤王富裕，诸侯都与汤王交好，天下的人民都热爱汤王，各国的贤人都投奔汤王麾下。就这样，汤王在一代之内就统治全天下，当上了天子，成为诸侯的领袖。

还有，上古时代，周文王被封在岐周（现在的陕西省）。

他的领地，截长补短为正方形计算，也只不过是边长百里的四方形之地而已。文王实施善政，和领地的人民一起，不分你我地互相关爱，彼此施与利益；若有余钱和余力，就分给贫穷的人。于是领地内的人民在这种善政之下安居乐业，领地外的人民则因为文王的德行而纷纷归附。远方的人民听说了文王的名声，都舍弃故国，决心奔赴文王的领地。而有的人无力长途跋涉，或者身体残疾，虽然只能留在家中，但也热切地盼望着："怎样才能让文王的领地扩展到我所居住的地方呢？（尽管这是不可能的，但如果真的能够这样，）那么我们的生活，岂不就和文王领地的人民一样了吗？"看到这种情况，上天和鬼神就让文王富裕，诸侯都尊文王为盟主，天下的人民都热爱文王，各国的贤人都投奔文王。因此（从四方百里的小国起家，）只过了一代就统治全天下，当上了天子，成为诸侯的领袖。前面我说，正义的人如果当了天子，天下一定会得到治理，上帝、山川、鬼神一定会帮助作为祭祀宗主的天子，天下的人们也会从中得到极大的利益。我就是从汤王和文王的事迹中知道这一点的。

所以古代的圣王，制定宪法，发布政令，设置赏罚措施，鼓励人们努力成为贤人。这样做的结果就是，人们在家族内部会孝养父母，慈爱子弟，走出家族来到乡里，对比自己地位高的人恭敬顺从，对比自己地位低的人关爱照顾，他们的言行举止有分寸，出入乡里行为适度，在男女交际时也懂得分别。于是，让他们管理官府的仓库，就不会侵吞窃取，让他们守卫城邑，就不会背叛国君投降敌人，国君如果陷于危难，他们舍弃生命也会保护国君，国君如果逃亡到国外，他们也会出奔，与国君同行。这种行为是君主要赏赐的，也是人民所称赞的。可是，宿命论者却这样说："获得君主赏赐的人，他们命中注定就会得到赏赐，并非因为他们是贤人，才能得到赏赐。"如果人们都受到这种说法的影响，他们就会变成下面的样子：在家中不孝养父母，也不慈爱子弟；走出家族来到乡里，对比自己地位高的人不恭敬顺从，对比自己地位低的人也不关爱照顾；言行举止无度，随意进出乡里的关卡，男女交际时也不知道分别。这时，让他们管理官府的仓库，他们就会侵吞窃取，让他们守卫城邑，他们就会立刻背叛，投降敌人，国君如果陷于危难，他们也不会舍弃生命保护国君，国君如果逃亡到国外，他们也不会出奔同行，而是认为这与自己无关。这种行为是君主要处罚的，也是人民所批评的。可是，宿命论者却这样说："被君主处罚的人，他们命中注定就会受到惩罚，并非因为他们行为暴虐，才会受到惩罚。"信奉这种宿命论的人，如果作为国君，一定不会施行正义的统治；作为臣子，一定不会对国君忠诚；作为父亲，一定不会慈爱儿子；作为儿子，一定不会孝养父母；作为兄长，一定不会照顾弟弟；作为弟弟，一定不会顺从兄长。尽管如此，依然要固执地坚持宿命论的行为，正是邪说横行的根源，是走上了暴虐之人的道路。

那么，凭什么说宿命路是暴虐之人的道路呢？远古时期，人民自暴自弃，放纵欲望暴饮暴食，懒惰懈怠，不从事劳动。这样的必然结果就是，他们缺乏必需的衣食物资，陷入了对饿死和冻死的恐惧。尽管如此，他们依然不能认识到自己的愚蠢，没有反省过这都是因为自己懒惰，不从事劳动，而是全都声称自己命中就该贫穷。而古代那些暴君，沉溺于感官的淫欲，被邪恶的欲望诱惑，不听从父母兄弟的忠告，结果造成了国家灭亡，守护国家的祭祀传统也就此断绝。可是他们依然不能认识到自己的愚蠢，没有反省这都是因为自己实施暴政，而是信口胡言，说自己命中就该失掉国家。《仲虺之告》中记载了这样的话："我听闻夏朝时，上天命人民勤勉努力，但夏王歪曲上天的命令，向下面的人民灌输宿命论。于是上帝惩罚夏王的恶行，毁灭了夏朝的军队。"这段话说的，正是商汤对夏桀的宿命论思想的批评。而《太誓》记载说："商的纣王总是懒惰散漫，不努力侍奉上帝和鬼神，对待商朝祖先的宗庙，态度十分恶劣，不好好祭祀。这么做了之后，竟然还说'反正我命中注定要毁灭'，把自己的行为正当化，热衷于殴打和杀戮人民。于是上天也放弃了纣王，不再保佑商王朝的命脉传承。"这段话说的，正是周武王对商纣王的宿命论思想的批评。

假设现在，就听信宿命论者的言论，付诸实践，那么统治者一定会荒废政务，人民一定会放弃劳动。如果统治者荒废政务，社会秩序就会立刻陷入混乱；人民如果放弃劳动，生活物资立刻就会匮乏。这样的话，对上就无法提供贡品，祭祀上帝鬼神的仪式就要废止；对下就无法招揽天下贤人为臣，不能满足他们的志向。对国外，不能向诸侯派遣外交使节，厚待宾客；对国内，也不能向饥饿困苦的人民供给粮食，向寒冷的人民提供衣物，更不能赡养老人、抚养孩子。所以说宿命论对天上的上帝不利，对天地之间的鬼神不利，对下方大地上的人民也不利。尽管如此仍要固执地坚持宿命论的行为，正是邪说横行的根源，是走上了暴虐之人的道路。因此墨子说：现在天下的士人君子如果从心底希望天下富裕，而憎恶贫穷，从心底希望天下治安稳定，而憎恶混乱，那么就不能不坚决排斥宿命论者的言论，那正是天下最大的祸害。

【原文】

子墨子言曰：今者王公大人①为政国家者，皆欲国家之富，人民之众，刑政之治。然而不得富而得贫，不得众而得寡，不得治而得乱，则是本失其所欲，得其所恶。是故何也？子墨子言曰：执有命者，以杂于民间者众。执有命者之言曰："命富则富，命贫则贫，命众则众，命寡则寡，命治则治，命乱则乱，命寿则寿，命夭则夭，命虽强劲，何益哉？"上以说王公大人，下以驵②百姓之从事。故执有命者不仁。故当执有命者之言，不可不明辨。然则明辨此之说，将奈何哉？

子墨子言曰：言③必立仪④。言而毋仪，譬犹运钧⑤之上而立朝夕⑥者也。是非利害之辨，不可得而明知也。故言必有三表⑦。何谓三表？子墨子言曰：有本之者，有原之者，有用之者。于何本之？上本之于古者圣王之事。于何原之？下原察百姓耳目之实。于何用之？废⑧以为刑政，观其中国家百姓人民之利。此所谓言有三表也。

然而今天下之士君子，或以命为有，盖⑨尝尚观于圣王之事。古者桀之所乱，汤受而治之，纣之所乱，武王受而治之。此世未易，民未渝⑩，在于桀纣⑪则天下乱，在于汤武则天下治。岂可谓有命哉！然而今天下之士君子，或以命为有，盖尝尚观于先王之书。先王之书，所以出国家⑫、布施百姓者宪也。先王之宪，亦尝有曰"福不可请，而祸不可讳，敬无益，暴无伤"者乎？所以听狱制罪者刑也。先王之刑，亦尝有曰"福不可请，祸不可讳，敬无益，暴无伤"者乎？所以整设师旅，进退师徒者誓也。先王之誓，亦尝有曰"福不可请，祸不可讳，敬无益，暴无伤"者乎？是故子墨子言曰：吾当未尽数⑬。天下之良书，不可尽计数，大方论数，而三者⑭是也。今唯毋求执有命者之言，不必得，不亦可错乎。

今用执有命者之言，是覆天下之义。覆天下之义者，是立命说百姓之诛也⑮。说百姓之诛者，是灭天下之人也。然则所为欲义人在上者，何也？曰：义人在上，天下必治，上帝山川鬼神，必有干主，万民被其大利。何以知之？子墨子曰：古者汤封于亳。绝长继短，方地百里，与其百姓兼相爱，交相利，移则分⑯。率其百姓，以上尊天事鬼，是以天鬼富之，诸侯与之，百姓亲之，贤士归之。未殁其世，而王天下，政诸侯。

昔者文王封于岐周，绝长继短，方地百里，与其百姓兼相爱，交相利，移则分⑰。是以近者安其政，远者归其德。闻文王者，皆起而趋之。罢不肖股肱不利者，处而愿之曰："奈何乎，使文王之地及我？则吾岂不亦犹文王之民也哉！"是以天鬼富之，诸侯与之，百姓亲之，贤士归之。未殁其世，而王天下，政诸侯⑱。乡者言曰：义人在上，天下必治，上帝山川鬼神，必有干主，万民被其大利。吾用此知之。

是故古之圣王，发宪出令，设以为赏罚，以劝贤沮暴⑲。是以入则孝慈于亲戚，出则弟长于乡里。坐处有度，出入有节，男女有辨。是故使治官府，则不盗窃，守城则不倍叛⑳。君有难则死，出亡则送。此上之所赏，而百姓之所誉也。执有命者之言曰："上之所赏，命固且赏，非贤故赏也㉑。"是故入则不慈孝于亲戚,出则不弟长于乡里。坐处不度,出入无节,男女无辨。是故治官府则盗窃,守城则倍叛。君有难则不死,出亡则不送。此上之所罚,百姓之所非毁也。执有命者言曰:"上之所罚,命固且罚,不暴故罚也。"以此为君则不义,为臣则不忠,为父则不慈,为子则不孝,为兄则不长[22],为弟则不弟。而强执此者,此特[23]凶言之所自生,而暴人之道也。

然则何以知命之为暴人之道?昔上世之穷民,贪于饮食,惰于从事。是以衣食之财[24]不足,而饥寒冻馁之忧至。不知曰"我罢不肖,从事不疾",必曰"我命固且贫"。昔上世暴王,不忍其耳目之淫,心涂[25]之辟,不顺其亲戚。遂以亡失国家,倾覆社稷。不知曰"我罢不肖,为政不善",必曰"吾命固失之"。于《仲虺之告》[26]曰:"我闻于夏人矫天命,布命于下。帝伐之恶,龚[27]丧厥师。"此言汤之所以非桀之执有命也。于《太誓》[28]曰:"纣夷处[29],不肯事上帝鬼神,祸厥先神禔不祀。乃曰:'吾有命。'毋廖其务,天亦纵弃之而弗葆。"此言武王所以非纣执有命也。

今用执有命者之言,则上不听治,下不从事。上不听治,则刑政乱;下不从事,则财用不足。上无以供粢盛酒醴,祭祀上帝鬼神,下无以降绥[30]天下贤可之士。外无以应待诸侯之宾客,内无以食饥衣寒,将养老弱。故命,上不利于天,中不利于鬼，下不利于人。而强执此者，此特凶言之所自生，而暴人之道也。是故子墨子言曰：今天下之士君子，忠实欲天下之富而恶其贫，欲天下之治而恶其乱，执有命者之言，不可不非，此天下之大害也。

【注释】

① 今者王公大人：旧本作"古者"，但此后一句与《尚贤上》篇的开头基本相同，《尚贤上》篇作"今者"，故改之。　② 诅："诅"通"阻"。　③ 言：旧本脱"言"字，对照后文补。　④ 仪：意思是应当遵从的规范、标准、模式。　⑤ 运钧：制作陶器时，用于塑形的转轮。　⑥ 朝夕：为了确定一天中具体时刻而设立的观测标杆，即日晷。从日出到日落期间，观测柱影的移动和长短变化，就可以测定时间。也叫作"表"。　⑦ 三表：三种标准。"表"本来如前所述，指"朝夕"，而此处则是指判断言论是非的客观标准。　⑧ 废：此处的"废"通"发"。　⑨ 盖：旧本作"益盖"二字，从王念孙《读书杂志》说，删去"益"字。后文的"盖"同。　⑩ 渝：与"变"同义，是变化的意思。　⑪ 在于桀纣：旧本脱"在"字，据毕沅说补。　⑫ 所以出国家：旧本脱"以"字，据毕沅校订补。　⑬ 未尽数：旧本"尽"作"盐"，据毕沅校订改。　⑭ 三者：旧本作"五者"，据毕沅

说当指宪、刑、誓三者，故改之。　⑮ 是立命说百姓之谇也：旧本"立命"下有"者也"二字，因文意不顺，据笔者私见删除。另旧本脱"说"字，据牧野谦次郎《墨子》（汉籍国字解全书）说补。"谇"通"悴"，是痛苦忧伤的意思。　⑯ 移则分：此处的"移"通"侈"，意思是多余。　⑰ 侈则分：旧本仅存一"则"字，俞樾《诸子平议》以为"则"字上脱"移"字，下脱"分"字，今以此为基础，改"移"为"侈"补之。　⑱ 政诸侯：旧本"政"作"征"，从孙诒让《墨子间诂》说改。　⑲ 沮暴：旧本脱此二字，据王念孙校订补。　⑳ 不倍叛：旧本作"不崩叛"，孙诒让说"崩"与"倍"音近可通，此处暂改为"倍"。"倍"是背叛的意思，后文"倍叛"同。　㉑ 非贤故赏也：旧本此下有"上之所罚，命固且罚，不暴故罚也"十三字，据俞樾说删去。　㉒ 不长：旧本作"不良"，据孙诒让说改。　㉓ 特：旧本作"持"，据王念孙说改。后文"特"同此。　㉔ 衣食之财：旧本脱"食"字，据毕沅说补。　㉕ 心涂：此处"涂"同"途"，是路径、道理的意思。"心涂"就是内心向往的方向。　㉖《仲虺之告》：仲虺是商汤的重臣，《仲虺之告》记录了他的发言和劝告。《伪古文尚书》中有同名的一篇。　㉗ 龚：此处"龚"与"用"同义。　㉘《太誓》：周讨伐商时，跟从周的军队在孟津集合，当时武王发布的誓言就是"太誓"。一般认为，墨家所谓先王之书，与现行的《书经》颇有差异，不过此篇应是对应《伪古文尚书》中的《泰誓》[1]。　㉙夷处：指很随意的体态，如支起腿来坐着、盘腿坐、蹲坐等[2]。　㉚降绥："降"是心情缓和，安心的意思。"绥"是安抚、慰问、亲近的意思。

【解说】宿命论是懒惰者的借口

据说"命"这个字的字形，上面是屋顶和房梁，下面则是一个人躬身跪坐，正在聆听上天降下的命令[3]。因此，命就是绝对者、超越一切者降下的命令和决定。对于接受命的一方来说，是一种无法逃避的必然结果。古代中国人在绝对者、全人类、个人之间引入"命"，形成了各种各样的思想。关于命的各种思想彼此关联或者重合，很难做出明确的分类。但此处为了便于说明，暂时分为三种基本类型，尽量明确它们之间的不同特点，分别讨论。

1　在伏生授《今文尚书》二十八篇后，汉武帝时曾由民间得到《泰誓》一篇，并入《今文尚书》为二十九篇。后来东汉马融等人证明此篇为伪作，遂废之。到东晋，梅赜所献《伪古文尚书》中，后人伪造的十六篇中又有《泰誓》一篇。

2　在上古，正式的坐姿是折起膝盖跪坐。这里提到的几种坐姿都是非常放松的，在正式场合也很不礼貌。

3　据《字源》（李学勤主编，天津古籍出版社，2012 年），"命"字是在"令"字上加义符"口"而成的，甲骨文有"令"无"命"，西周金文始见"命"字。甲骨文"令"字下半部分为跪坐的人形"卩"，上半部分一说为"集"字的初文"亼"（罗振玉《殷虚书契考释》），与"卩"合起来表示召集众人发布命令；一说为倒置的"口"形（林义光《文源》），与"卩"合起来像一个人跪坐着听从命令。

　　首先是第一种类型，暂且称为"受命型"。其基本结构是，上天向大地上的人类下达命令（降命），人类则接受这种命令（受命）。此时，上帝下达命令的对象并非是随机的，而是选择特定的人物，指示、命令他进行特定的行动。而且，由于上帝代表绝对的善，是人间正义的保护者，所以被选出来接受命令的人物也必须是善的，而上帝下达的命令，其内容当然也是善行。于是，上天降下从事善行的命令，正义的人物如此受命，并忠实地执行这一命令后，上天就会赐福于他，以示奖赏。在受命型思想中，人的善行会得到相应的善果。那么人的恶行该如何处理呢？上天明明可以直接命令恶人中止恶行，或命令恶人毁灭，但情况却并非如此。究其原因，就在于恶人本来就不遵从天命，所以他们就不具有承受上天处罚的资格。于是，上天就采取间接的处理方式，向正义之人降下天命，要求他们惩罚、消灭恶人。事实上，在恶人受到惩罚走向毁灭时，上天不加袒护，只是冷漠地旁观其灭亡。所以从结果来看，人的恶行也必然有其相应的恶果。以上这种受命型思想，有下面三个主要特点。

　　第一，受命的对象限于选拔出的特定人物，命令的内容也限于特定的具体行为，而且命令中还包括了完成指令的时间限制。也就是说，对象、内容、时段都有限定性，这是受命型的第一个特点。

第二个特点是，在这种类型中，人类还有选择的余地，可以选择是否服从这种命。正义的人物受命于上天，他们出于使命感，主动推进命令的实践，此时，命能够引发和促进人们积极的行为。另一方面，对于应该受到上天惩罚的恶人，则有正义的人物奉天命来惩罚他，他们由此就能间接得知自己即将走向毁灭。但是恶人仍然可以自己判断，面对天命的惩罚，要选择投降还是拒绝。而且如前所述，恶人一定会选择后者，拼死抵抗天命。此时，恶人的这种拼死挣扎，就是命所诱发的人为行动。所以，命产生的效果，至少不是让人们放弃一切人为的行动。因此，不封杀一切人为行动，反而会引起人们或善或恶的激烈行为，这是受命型的第二个特点。

第三个特点是，在受命型中，人为行动的善恶与祸福吉凶的结果完全对应。人事与天命之间，存在这种明确的伦理性因果关系，这就是受命型的第三个特点。

不过，以上论述的受命思想，是西周以来经过改造而使之合乎伦理的思想。改造受命思想的，是掌管天道以教诲君主的史官和瞽官，以及他们后代的阴阳家和黄老道家，还有儒家和墨家。而在《诗经》等典籍中却散见这样的怨言：明明已经献上牺牲祭品，持续进行虔诚的祭祀，上天为何仍然降下灾害，天命实在荒谬不讲理。这当然是远古思想形态的残留，此处暂不讨论。

那么，接下来讨论第二种类型，即"宿命型"。这种思想认为，对于每个个体，其固有的命运早已注定。在这种思想中，命降临于全体人类，不限对象。而且这种命贯穿人的一生，其时间也不受限。此外，命的内容只是决定了人的贫富、穷达、寿夭等最终结果，却没有指示人去进行特定的行动，因而命所注定的结果（祸福、吉凶）与人的善恶行为之间，并没有任何因果关系。所以，这类命的效果就是，当人们意识到自己背负着某种宿命时，无论这种命的善恶如何，它都促使人类放弃一切人为的努力，走向既定的路线。而向万人降下宿命的主体，大多被认为是上天，这一点就与第一种类型即受命型重合。不过，受命型显示出很强的限定性，与此相反，宿命型却几乎不具有限定性，这种特点是两者之间的显著差别。

最后是运命型。在这种类型中，必然的宿命一定程度上被隐藏起来，有时会以偶然结果的面目出现。这种思想的特点在于，认为世界由万物的离合集散构成，个体被投入这个熔炉之中就产生变化，这种变化进一步与命结合起来。只不过，必然伪装成偶然，降临于个体的身上时，如果认为这是绝对者事先安排好的，那么这种思想就是受命型的变形。而如果个体领悟到自己的命运，意识到这就是自己的宿命，那么也可以认为这种思想与宿命型有重合。事实上，在这种运命型思想中，大多数情况下，命的内容、时间、对象在各个时间点是受到限定的，而且决定命的形式也是间接的，因此就产生了另一个侧面，那就是可以事先占卜即将到来的命运，并通过人为的努力避祸得福。因此，在命的面前，还存有人为努力的余地，这一点与受命型和宿命型不同，命的约束力并不是绝对的。

以上就是关于命的思想，大致可分为代表性的三类。下面就在此基础上，探讨墨家非命论的特点。很明显，墨家肯定、承认受命型，而否定宿命型。关于这一点，最明显的证据就是《非命下》篇"夏人矫天命，布命于下"的记载。"夏人矫天命"是批评夏朝的君王桀，他擅自篡改上天降下的命令，事实上《非命下》篇中，就要求人们忠实地服从上帝降下的天命。墨家承认天命，这种观点散见于《墨子》各篇，如"天有浩命"[1]（《非攻下》篇）。而"布命于下"则是批评桀篡改天命后，向人民灌输宿命论的行为。由此看来，《非命下》篇是明确否定宿命的。

那么，墨家为什么肯定受命，而否定宿命呢？其理由在于，在受命型思想中，命的内容可以依照墨家的主张来施行操作，加以限制。与之相反，在宿命型思想中，无论怎样做出人为的努力，善恶双方的结果都已经注定，在这种情况下，墨家就完全失去了发挥的余地，无法按照自己的主张来约束人们的

1　"浩"字各本作"辖"。毕沅以为通"诰"，孙诒让以为通"酷"。

行为。

总之，墨家认为，墨家思想的内容符合上天降下的命令，宣扬并鼓励人们去实践；而与墨家不一致的思想就是虚伪的宿命，应当批判。所以，墨家关于命的理论，完全是为墨家思想服务的。于是，虽然有的思想认为对外战争是一种人为的努力，其结果是领土扩大和国家富强，但墨家却指出，即使这是人为努力的结果，上帝也不会允许这种情况，于是墨家引入天命来毁灭好战的国家，从而破坏人为努力与其对应结果之间的因果关系。所以，所谓人为，仅仅是指顺应天命的人为，也就是说，唯有符合墨家主张的人为，才能得到相应的善果。懒惰、为所欲为对应着贫困、灭亡，勤劳、节约就对应着富裕、繁荣。人为与结果之间必须呈现这样的因果关系，才符合墨家的主张，所以墨家认为这种因果关系符合天命的限定，对此加以肯定。而与此相反，如果引入宿命，破坏这种因果关系，墨家就会采取坚决排斥的态度。通过这样的理论操作，墨家把上天设定为善恶的裁定者，给与绝对的信赖。依靠这种手段，可以激励、鼓舞那些勤劳和节约的人，这与清教徒的信条有类似之处 [1]。清教徒也认为，勤劳和节约带来富裕，这是由神注定的

---

[1] 清教徒（Puritan）大约产生于 16 世纪 60 年代的英国。在基督教中，他们属于新教，而且是其中的改革派，要求进一步清除英国国教中残余的罗马教会仪式。清教徒认为《圣经》是唯一的权威，其主张中包括提倡节俭，反对奢华等内容。

结果。

　　由此看来，无论墨家如何探讨上帝和鬼神，其思想的根基中，依然有着一种基本的态度，那就是把人为伦理上的善恶与祸福吉凶整齐地对应起来，并排除不合理的世界观。这的确是一种非常明确的世界观。但同时也可以说，这种思想把世界和人类都简单化了。司马迁在《史记·伯夷列传》的末尾说"天道是邪非邪"，哀叹伦理上的善恶与祸福吉凶不能对应，悲叹世界的不合理，而墨家对世界的这种不合理和混沌性恰恰缺乏洞察。《非命下》篇没有明确提及运命型思想，这既是源于墨家思想的性质——它本身就对天道缺乏思考，同时也显示出墨家功能主义的世界观、人类观有其局限性。

第十二章　非儒下

伪善的孔子

孔子（于游历各国的途中）在蔡国和陈国的边境附近吃光了粮食，陷入困境，甚至连放在藜菜羹里的米粉都没了，连着十天都只能喝菜汤。此时，他的弟子子路煮了猪肉献给老师。于是，孔子也不问子路是怎么弄到的猪肉，立刻就把它吃光了。（看到老师的这种态度，子路更来劲儿了，）接下来又拦路抢劫，把别人的衣服抢来卖掉，拿这钱去买酒。这次，孔子依然不问子路是怎么弄到的酒，立刻就把它喝光了。（然而当他们结束了游历，回到鲁国，）鲁国国君恭敬地举行宴会，迎接孔子时，他却一会儿说座位的摆放方式不合礼法所以不肯坐下，一会儿说切肉的刀法不符合礼仪所以不肯吃，不停地发牢骚。子路觉得奇怪，就上前问道："老师，请告诉我，为什么您现在的表现，与在陈国、蔡国的时候如此不同呢？"孔子语气庄重地回答说："子路，你过来，我来告诉你吧。在陈国、蔡国的时候，我和你都在那种情况下拼命求生。而现在，我和你都在这种情况下努力实践正义。"一旦陷入饥饿困苦，就采取不正当的手段抢夺他人的财产，不惜使用各种不体面的办法来求生。而一旦衣食无忧，就立刻做出违心的行动，把自己粉饰成优秀的人物。世上虽然有各种各样的邪恶和虚伪，又有什么比这种行为更卑劣呢？

【原文】

孔某穷于蔡陈之间，藜羹不糁，十日。子路为享豚，孔某不问肉之所由来而食。褫人衣以酤酒，孔某不问酒之所由来而饮。哀公迎孔子，席不端弗坐，割不正弗食。子路进请曰："何其与陈蔡反也？"孔某曰："来，吾语女。曩与女为苟生，今与女为苟义。"夫饥约则不辞妄取以活身，赢饱则伪行以自饰。污邪诈伪，孰大于此？

【解说】激烈批判孔子的言行

《非儒》篇分为上、下两篇，但上篇今已散佚不存。十论的各个篇章，多数包含"子墨子言曰"的表述，详细说明墨翟的言论，从而构成全篇。与此相反，《非儒下》篇则完全没有这种要素。而且，考虑到十论均由上、中、下三篇构成，可以说，《非儒》篇这一材料，其特点与十论略有不同。

《非儒》篇批判儒家时，所引用的素材本身几乎都见于《贵义》《公孟》等墨语诸篇。从这一点来看，可以认为《非儒》篇与墨语诸篇有较强的共通性质。然而墨语诸篇虽然组织议论来批判儒家，却保留着一定的分寸，如"子墨子与程子辩，称于孔子。程子曰：'非儒，何故称于孔子也？'子墨子曰：'是亦当而不可易者也'"（《公孟》篇），不一定全盘否定孔子。

与此相反，《非儒下》篇不仅否定了儒家的思想内容，还针对孔子个人的言行进行激烈的人身攻击。从这种差异来看，《非儒》篇一方面继承了墨语诸篇批判儒家的血统，另一方面则加强了批判的语调。因而可以认为，《非儒》篇的材料其时代晚于墨语诸篇。

战国中期的儒家学者孟子，对墨子发出了"是禽兽也"[1]的咒骂。墨翟说："厚攻则厚围，薄攻则薄围"[2]（《公孟》篇），而战国时期的墨家学者对儒家"厚围"，结果就形成了《非儒》篇。

前文选译的部分，只是《非儒下》篇中的一小段。专门节选这一段，是考虑到其中鲜明地体现了儒家的特点。其实儒家

---

[1]　见《孟子·滕文公上》篇："杨氏为我，是无君也；墨氏兼爱，是无父也。无父无君，是禽兽也。"
[2]　所引汉文训读文如此。旧本"围"作"吾"，王引之认为通防御的"御"，孙诒让赞同这种理解，并认为"吾"字是"围"字之省。

口头虽然倡导殉节守义，但实际行动却与其说教相背离，体现出强烈的功利倾向。选译的这一小节，生动地描绘了儒家敷衍塞责、没有节操的投机主义者形象。说得好听点，可以认为他们具有巧妙顺应时务的变通性、灵活性。当然，事实是否果真如此，则是另一个问题了。即使这是墨家学者一手虚构的故事，在真实和虚构的维度之外，这个故事中最让人感兴趣的，应该是儒家那种钟情世俗显达的特点，究竟是如何被美化下来的。

尽管被人批判狭隘，墨家学者也始终践行自己的信条。在他们看来，儒家的行为令人生厌，只不过是欺诈和伪善。事实上，儒家讲究"君子豹变"（《周易·革·上六》），具有变通无阻的特点。正是这种特点帮助儒家渡过了许多次时势巨变，是确保其正统学派地位的重要原因。

第十三章　经上、经说上

知，接也

知觉，就是（五官为了认识到某对象而）与外界事物接触的行为。

【原文】

知，接也。（《经上》篇）

智，明也

认识主体，就是具有知觉器官的本体，能够（如同光芒照射黑暗一般，洞察事物的异同而）明确知觉事物。

【原文】

恕（智），明也。（《经上》篇）

感知认识能够被记忆 [1]

知觉。所谓知觉，就是这样一种行为，它形成明确的感知，利用知觉器官（五官）来应对外界事物，在事物离开知觉器官之后，也如同该事物仍在眼前一般，能够加以辨认。

【原文】

知。知也者，以其知过物，而能貌之若见。（《经说上》篇）

认识主体能够分析并综合

认识主体。所谓认识主体，就是这样一种主体：它能如光芒照亮黑暗一般明确地认识对象事物，知觉器官（五官）在其指挥下获得各种感知，并加以比较、探讨。

【原文】

恕（智）。恕（智）也者，以其知论物，而其知之也，著若明。（《经说上》篇）

1　为了区别，用"知觉"翻译日语的动词"知覚する"，而日语的名词"知覚"翻译为"感知。"

【解说】确信能够通过人的智慧全面认识世界

此处介绍的是关于人类感知、认识的思考。墨家把人类的认识行为分为"知"和"智"两个阶段来考察。首先，所谓"知"是指这样的行为：耳朵、眼睛、鼻子、嘴巴、身体这五种器官分别掌管听觉、视觉、嗅觉、味觉、触觉，它们与外界事物接触后，形成声音、形状、色彩、气味、口味、硬度等各种感知。而所谓的"智"，指的是最终整合这些感知和信息的认识主体（精神）。"智"处于所有认识路径的最后一步，针对五官获得的各种片段性感知，做出分析、分类、积累、记忆，再根据一定的需要提取出来加以比较、参照，进行整合。也就是说，五官获得的感知，尽管能够直接知觉到认识对象，但并没有对其做出判断和思考的能力，与此相反，精神获得的认识，虽然不直接与认识对象接触，却能够把各种感知作为原材料加以操作，对其做出高水平的判断和思考。

这种认识论角度的思考，以辨者（名家）为中心，在战国时期的思想界广泛流行。其中，公孙龙和庄周的认识论，在一个时期内大放异彩。公孙龙主张，五官获得各种感知，而人类的认识主体（精神）并没有能力将其最终整合。公孙龙认为人类的认识能力受到很大的制约、局限，这种看法否定了人对认识对象的整合，倾向于破坏、分离世界的稳定性和整体性。而庄周则主张，完全不需要经过人类的五官，只依靠精神就能直接认识整个对象。庄周的这种认识论，跨越了五官的分析性感知，试图通过精神上的开悟，全面而直观地去掌握认识对象，这是中国神秘主义的源头之一。

与这两者对比，墨家在认识论上的立场更加鲜明。墨家与公孙龙不同，承认人类作为认识主体，具有进行整合认识的能力，并完全信任这种"其知之也，著若明"的能力。不过另一方面，墨家对认识主体的信任又与庄周不同，并未把一切认识能力都归结于精神，而是将其与五官的知觉作用结合起来。

这种认识论的特点是，既重视分析性的思考和理论性的探索，同时又相信有可能通过人类的智慧全面认识世界，其中如实地反映了墨家的思想立场。

第十四章 公 孟

本章选译《公孟》篇中的一段，以此为例，展示墨语诸篇中墨家与儒家的对立局面。

儒家毁灭中国

墨子对程子说："儒家思想中有四种政见，能让天下灭亡。儒家认为上天没有洞察的能力，鬼神没有神秘的威力，于是上天和鬼神就会（对大地上的人）不满。这种主张就足以毁灭天下。而且，儒家又主张实行厚葬久丧的制度，制作好几层的外椁内棺，给死者制作许多衣服，大肆铺张送葬的队列，仿佛要带着全部家财迁居一样。还主张服丧三年，日日啼哭，（因为吃不好又连日哭到疲惫，导致身体衰弱到）要靠别人扶着才能站起来，拄着拐杖才能走路，落得耳朵听不清，眼睛也看不清。这种主张就足以毁灭天下。而且，儒家又崇尚奏乐击鼓，唱歌跳舞，频繁地演习歌唱和舞乐。这种主张也足以毁灭天下。最后，儒家还认为世上有宿命，贫富、寿夭、治乱、安危都是早有注定，鼓吹说这都是人为的努力无法改变的。如果统治者践行这种宿命论，一定会荒废政务。而如果人民践行这种宿命论，就一定会废弃生产劳动。这种主张足以毁灭天下。"程子说："先生您对儒家的中伤，也太过分了！"墨子说："如果儒家思想中并没有这四种政见，我却像刚才那样说，那就确实是（无凭无据的）中伤。然而，事实上儒家思想中确实存在着这四种政见，那么我像刚才那样说，就不能说我的话是不合理的中伤。（如果与事实相符，就不能算是不恰当的批评，而）只有与事实不符的批评才是中伤。我这样说，只是忠实地传达自己所见所闻的事实而已。"程子愤然离席，沉默而去。墨子马上招呼他说："不要生气了，回来坐下吧。"于是程子又返回座位，开口说："先生您刚才的议论中，有不完备之处。如果按照您的说法，就会得到一种奇怪的结果：对于圣王大禹，（无论怎么罗列大禹的功绩，由于都是确实发生的事迹，这就仅仅是一种事实判断，而不包含价值评价，所以）就无法称赞他。而对于暴君夏桀和商纣王，（无论怎么罗列他们的暴行，由于都是确实发生的事迹，这就仅仅是在传达客观事实，所以）就无法批判他们。"对于这样的反驳，墨子说："不是这样的。刚才对于你（说我不合理地中伤儒家）的套话，我不需要一一列举论据并详细论证，（只要说明这是事实而非中伤，）采取这样简略的论证，是为了迅速而机敏地做出应对（并不是看不起你）。辩论的方法本来就是这样，如果论敌展开充分的议论，进行攻击，那我也应该充分准备，进行防御。如果论敌只是按照固定的套路来稍微骚扰一下，那么我也就以同样的手法，略微反击即可。如果面对论敌的套话，太过当真，不惜展开详细的议论，打个比方来说，那就好像是举起巨大的车辕向下砍，却只是急着想打死一只小飞蛾一样啊。"

【原文】

子墨子谓程子曰："儒之道足以丧天下者，四政焉。儒以天为不明，以鬼为不神，天鬼不说。此足以丧天下。又厚葬久丧，重为棺椁，多为衣衾，送死若徙。三年哭泣，扶后起，杖后行，耳无闻，目无见。此足以丧天下。又弦歌鼓舞，习为声乐。此足以丧天下。又以命为有，贫富寿夭治乱安危有极矣，不可损益也。为上者行之，必不听治矣。为下者行之，必不从事矣。此足以丧天下。"程子曰："甚矣，先生之毁儒也！"子墨子曰："儒固无此若四政者，而我言之，则是毁也。今儒固有此四政者，而我言之，则非毁也，告闻也。"程子无辞而出。子墨子曰："逆之！"反，复坐。进复曰："乡者先生之言，有可间者焉。若先生之言，则是不誉禹，不毁桀纣也。"子墨子曰："不然。夫应孰辞，称议而为之，敏也。厚攻则厚圉，薄攻则薄圉。应孰辞称议，是犹荷辕而击蛾也。"

【解说】以高水平的辩论技术说服儒家学者

此处登场的儒家学者程子，应该就是三辩篇中与墨子讨论非乐论对错的程繁。墨子举出的儒家思想的四个缺点，与十论对应起来看，与儒家的主要分歧主要是天志、明鬼、节葬、非乐、非命这五种主张。在解说中提到，墨语诸篇是墨翟时期的记录材料，那么这段问答就说明，这些主张在那时已经形成了。

最有趣的是，《非命》篇中记载的宿命论者只是单纯的"执有命者"，而这里则明确显示，宿命论者实际上主要就是指儒家学者。孔子"五十而知天命"（《论语·为政》篇），"畏天命"（《论语·季氏》篇），"不知命，无以为君子"（《论语·尧曰》篇）。子夏也曾说"死生有命，富贵在天"（《论语·颜渊》篇）。而与之相对，《非儒下》篇则描写了儒家学者懒惰的生活状态。荀子也批评说："偷儒惮事，无廉耻而耆饮食，必曰：'君子固不用力。'是子游氏之贱儒也。"（《荀子·非十二子》篇）把这些言论对照起来，可以推测，儒家之中确实有许多人，一边从事丧葬工作，一边在乡里吃住，四处鼓吹宿命论。非命论专门说宿命论者"杂于民间"，针对的很可能就是这种情况。另外，墨家批判儒家不承认上天和鬼神，而孔子说"未能事人，焉能事鬼"（《论语·先进》篇），他"敬鬼神而远之"（《论语·雍也》篇），"夫子之言性与天道，不可得而闻"《论语·公冶长》篇）。从中可以看出，儒家学者之中当然也有人持这种思想倾向。

而在这则墨语材料中，还有一个有趣的问题，就是墨子向程子初步讲授辩论之术。墨子所说的"孰（熟）辞"和"称议"，很可能是当时辩论之术中的专有名词，墨子在这里使用了特殊的术语。其中，熟辞是指惯用的套话，也就是程子所说的"甚矣，先生之毁儒也"（这是对我们不合理的中伤）。而其中的称议，则不仅要喊出口号，而且要一一展示论据，详细展开论证，也就是墨子在开头处说的话。面对程子的话，墨子只是简单回应说，自己并未中伤儒家，仅仅是说明事实而已。程子认为这种回应不够认真，是在轻视自己，于是像小孩子一样闹起了脾气。可是究其原因，却在于程子自身，他面对墨子的称议时，只是用熟辞回应说，这是对我们儒家的恶意中伤。于是墨子像哄孩子一样劝慰程子，对他说明：如果我用称议来回应你的熟辞，这反驳就不够机敏，所以才使用了回避战略，以便快速回应。

举个例子，被人叫作笨蛋时，如果把这当真，然后一一列举自己过去的成绩和 IQ 值，以证明自己不是笨蛋的话（世上还真有不少这样的仁兄），回应的速度就太慢，辩论的说服力也会因此下降。这种时候，当然应该回敬说"你才是笨蛋"，按照情况简洁地反击。在这里，激烈而有力的争论才是上策。

暂且不论以上问题，从墨子的这段话也可以看出，他对辩论之术有深厚的造诣。墨子派遣大批弟子到各国游说，还亲自与其他学派的说客唇枪舌战，甚至说服大国的国君停止侵略。为了完成这些事业，墨子自然需要具备一定的辩论之术。墨子重视果断地进行实践，也追求彻底说服对手，以上特点，都是墨辩这种逻辑学产生的重要原因。与墨家的这种逻辑学知识相反，同时代的儒家学者却不擅长严密的概念定义和充分的议论，墨家引以为傲的逻辑学知识，达到了儒家学者无法企及的高度。所以，墨子向程子初步讲授辩论之术的场面，恰好象征了两者在这方面的知识差距。

第十五章　公　输

案头攻防

公输盘为楚国制造用于攻城的云梯，终于造好了。楚国马上就打算用这种新武器来攻打宋国。听到这个消息，墨子立刻从齐国出发，花了十天，日以继夜地赶路，到达楚国的都城郢。墨子即刻请求与公输盘会面。不出所料，公输盘假装糊涂，问道："先生您专程前来，有什么事情要找我吗？"于是墨子（编造了一件事情）回答说："北方有个不讲道理的家伙侮辱我，恳请您派个刺客，帮我杀掉他。"于是公输盘（觉得墨子把自己看作是刺客头目那样的肮脏之人，）感到不悦。于是墨子（假装把对方的品行看得更加低贱，）继续说："当然，我会给您献上十斤黄金作为报酬。"公输盘（被当成这样的刺客头目，再也忍不住了，）终于明确宣称说："我以正义为信条，不杀害他人。"（如愿得到了对方的明确承诺后，）墨子（抓住时机）站起身来，躬身下拜两次行礼，说出了自己真正的来意："请您听我说。我在北方听说，您发明了（带有吊车的）攻城新武器云梯，将要用它来攻打宋国。然而宋国有什么罪过呢？楚国的领土广大有余，相反（耕种这些土地以生产财富的）人民却数量不足。人民本来就不足，却还让他们去打仗，如果战死，人民的数量会进一步减少。这样做的目的，却只是为了增加目前已经有余的领土，做出这种事的不能说是智者。宋国没有任何罪过，却单方面地去讨伐它，这不能说是仁者。明明知道侵略宋国是不正义的行为，却不去劝谏楚王，这不能说是忠臣。劝谏时不能让君王信服听从，这不能说是强毅之士。明明知道杀掉一个人有违正义，却要通过战争杀掉许许多多的人，这不能说是懂得同类、异类的区别。"

公输盘听到墨子的言论而屈服了。墨子接着说："既然接受了我的意见，为什么不停止攻打宋国呢？"公输盘说："这不行，我已经向楚王报告过，说云梯已经完成了。"（这就把责任转移到楚王身上。）于是墨子说："那么请让我拜见楚王。"公输盘说："好的。"

墨子拜见楚王，说："假设现在有这么一个人，他对自己那装饰华美的车子不屑一顾，看到邻居那破破烂烂的车子时，却跃跃欲试地想要偷窃；对自己那锦缎刺绣的华服不屑一顾，看到邻居那破破烂烂的衣服时，却两眼发光地想要偷窃；对自己家的米饭和肉类佳肴不屑一顾，看到邻居家的碎米糟糠时，却抑制不住地想要偷窃。您认为这是什么样的人呢？"

楚王说："这一定是患上了偷窃的病吧。"（诱导楚王说出这话后，）墨子说："楚国的领土广阔，有五千里见方，宋国的土地却只有不到五百里见方。这就如同装饰华美的车子和破车的关系一样[1]。楚国的领土内有著名的云梦大泽，充满了犀牛、水牛、麋鹿等动物。而且长江和汉江出产的鱼类和龟类，是驰名天下的财富。反观宋国，是个众所周知的贫穷国家，连雉鸡和兔子、鲫鱼和鲤鱼都没有。这就如同美味佳肴与碎米糟糠的关系一样。楚国还大量出产长松、文梓、楩楠、予章这样的大树。对比宋国，连一棵像样的树都长不出来。这就如同华美的衣服与粗布衣服的关系一样。在我看来，大王的臣下们奉命攻打宋国，这就（如同那个有偷窃病的人一样，对自己家的财富不屑一顾，却去邻居家偷破烂，攻打宋国与这种行为）是同类的。我能肯定，（如果像这个窃贼一样去侵略别国，）大王您只会失去大义，而落到毫无所得的地步。"楚王说："您说得很对，但是公输盘已经为我发明了云梯，鼓足了劲儿，这次一定能攻下宋国。（我不忍心浪费他的好意。）"（又把问题推给了公输盘。）

于是墨子转而面向（陪同在座的）公输盘，并解下自己的

1　原文的翻译遗漏了这句，此为译者所补。

腰带，放在桌面上作为城池的轮廓，又用木片当作各种攻城和守城的武器。（于是两人就在桌面上进行演习。）公输盘（用木片）制作了九种器械，——展示其攻城战术，但墨子（也用木片）——应对其攻击，展示了守城的战术。最终，公输盘的攻城武器已经全部用完了，但墨子的防守武器还有剩余。公输盘在地图演习中不得不服输，但还是说："我知道打破你防守的方法，但是我现在不说。"墨子也立刻说："我也知道你打破我防守的方法，但我现在不说。"（听了两人的对话，）楚王就询问理由（问两人为什么不明说出公输盘的最后手段）。

于是墨子说："（虽然装模作样，说自己还有攻城的战术，但）公输盘心里盘算的，不过是杀死我而已。他觉得只要杀死我，就没人能防守宋国，那么就可以简单地攻陷城池。然而我的弟子禽滑釐等三百人的部队，已经拿着我准备的守城武器，提前在宋国的城墙上布下了防守的阵势，严阵以待，等候应对楚国的攻击。所以，即使杀死我一个人，也绝对无法打破我的防守战法。"于是楚王也（终于意识到攻城的战法已经用尽，）说道："您说得好啊，我决定不攻打宋国了。"墨子完成了使命，从楚国返回齐国，途中路过宋国的领土。不巧的是下起了雨，墨子想要在城门的屋檐下避雨，但门卫（怀疑他是楚王派来的间谍，）不让他进来，把他赶走了。所以自古有句话说：以神奇的力量暗中完成事业的人，众人都不知道他的功绩；在可见之处大肆争夺而取得成功的人，众人却都赞美他的功绩。

【原文】

公输盘为楚造云梯之械成，将以攻宋。子墨子闻之，起于齐，行十日十夜，而至于郢，见公输盘。公输盘曰："夫子何命焉为？"子墨子曰："北方有侮臣者，愿藉子杀之。"公输盘不说。子墨子曰："请献十金。"公输盘曰："吾义固不杀人。"子墨子起，再拜曰："请说之。吾从北方闻子为梯，将以攻宋。宋何罪之有？荆国有余于地，而不足于民。杀所不足，而争所有余，不可谓智。宋无罪而攻之，不可谓仁。知而不争，不可谓忠。争而不得，不可谓强。义不杀少而杀众，不可谓知类。"公输盘服。子墨子曰："然胡不已乎？"公输盘曰："不可，吾既已言之王矣。"子墨子曰："胡不见我于王？"公输盘曰："诺。"

子墨子见王曰："今有人于此，舍其文轩，邻有敝舆，而欲窃之。舍其锦绣，邻有短褐，而欲窃之。舍其粱肉，邻有糠糟，而欲窃之。此为何若人？"王曰："必为窃疾矣。"子墨子曰："荆之地方五千里，宋之地方五百里。此犹文轩之与敝舆也。荆有云梦，犀兕麋鹿满之。江汉之鱼鳖鼋鼍，为天下富，宋所为无雉兔鲋鱼者也。此犹粱肉之与糠糟也。荆有长松文梓楩楠予章，宋无长木。此犹锦绣之与短褐也。臣以王吏之攻宋也，为与此同类。臣见大王之必伤义而不得。"王曰："善哉！虽然，公输盘为我为云梯，必取宋。"

于是见公输盘。子墨子解带为城，以牒为械。公输盘九设攻城之机变，子墨子九距之。公输盘之攻械尽，子墨子之守圉有余。公输盘诎而曰："吾知所以距子矣，吾不言。"子墨子亦曰："吾知子之所以距我，吾不言。"楚王问其故，子墨子曰："公输子之意，不过欲杀臣。杀臣，宋莫能守，可攻也。然臣之弟子禽滑釐等三百人，已持臣守圉之器，在宋城上而待楚寇矣。虽杀臣，不能绝也。"楚王曰："善哉！吾请，无攻宋矣。"子墨子归，过宋。天雨，庇其闾中，守闾者不内也。故曰：治于神者，众人不知其功。争于明者，众人知之。

【解说】故事中的辩论家与军事家形象

鲁迅的《故事新编》中收录了一篇题为《非攻》的作品。这则短篇小说基本上源于《墨子·公输》篇，不过其中还加入了鲁迅的创作。作家描绘了这样的墨翟形象：他接到楚国攻击宋国的急报后，只来得及在破旧的小房子里喝几口水，就默默地出发，前去阻止战争。鲁迅通过塑造墨子努力而沉默的形象，尖锐批判当时的知识分子，指出他们言行不一，眼看日军侵略华北，却只会高谈阔论，彼此争吵，不能自己拿起武器，奋起战斗。在这里，"故事"确实成了"新编"，被赋予了崭新的生命力，然而，《公输》篇原文中的墨子形象究竟如何呢？

在《公输》篇中，墨子以辩论家和军事家的双重形象登场。首先来看作为辩论家的墨子，无论是面对公输盘还是面对楚王，墨子都不直接说明自己的意图，而是先委托对方进行刺杀，或者与对方讨论偷窃惯犯，从这种乍看之下毫无关系的话题入手，巧妙地埋下伏笔。而当对方落入这伏笔的陷阱，明确地许下承诺之后，再机智地指出对方的行为与杀人者和偷窃惯犯无异，将试图维护自尊的对方逼入绝境。这种极其巧妙的说理方法，还有始终以对方为中心观察问题，预估情况并先发制人的方法，都说明墨子作为辩论家，具有非凡的才能。看来，与鲁迅的描写很不相同。墨子"虽不扣，必鸣"（《公孟》篇）的辩论家形象反而显得栩栩如生。其实"辩乎言谈"（《尚贤上》篇）的资质，本来就是墨家贤人的必要条件。而且墨子说"不可谓知类""为与此同类"，在辩论过程中频繁使用了分类的思考方法。类也称为异同之辩，是指这样一种分类法：随着概念内涵的扩大，其外延就会缩小，曾经是同类的对象就成为异类；反之随着概念内涵的缩小，其外延就会扩大，曾经是异类的对象也会成为同类。惠施和公孙龙等战国时期的名家学者偏好使用这种理论，墨辩中也有"此与彼同类"（《小取》篇）的说法。墨子使用名家的术语，这种现象说明，他不仅是一位素质优秀的辩论家，更具有丰富的知识、学问，掌握了逻辑学的思考方式。这一点与前面的《公孟》篇一样，都是将墨辩的产生归结到墨子本人身上的重要材料。

那么，接下来就观察作为军事家的墨子。在当时的攻城战中，围攻的军队大量发明并使用云梯、冲车、辒辒等攻城器械。与这些攻击性武器的用途和性能相对应，守城的一方也发明了各种防守武器和守城战术与之对抗。所以，围绕城邑的攻防战，其胜负在很大程度上首先取决于攻城武器的性质。在《公输》篇中，墨子虽然作为军事家出现，但也只是守城方面的军事家，这与重视野战的《孙子》《吴子》等兵书形成了鲜明的对比。墨家的战斗只是为了实践其非攻主义的主张，所以这种特点也是很自然的现象。

关于墨子的劲敌公输盘，在《孟子·离娄》篇的赵岐[1]注中说："公输子，名班，鲁之巧人也。或以为鲁昭公之子。"从称呼中可以看出，他的出身可能是鲁国国君的庶子（公子）。《墨子·鲁问》篇也记载"公输子自鲁南游楚"，说他从鲁国移居楚国。楚国和越国的水军交战时，他为楚国发明了新武器钩距。而新式武器必须要与使用这武器的新战术结合起来，因此，如果不是参加实际战斗和熟悉军事知识的人，是不可能构思、发明新式武器的。从这一点来看，贵族出身的公输盘，很

---

1 赵岐，东汉末年经学家，他为《孟子》所作的注影响最大，后收入《十三经注疏》。

可能作为有特权的战士参战，有着指挥战斗的丰富经验，熟知攻城战的情况，还能够设计复杂的器械装置，具有高水平的知识学问，正是非常全面的人物。

这样看来，仅凭墨子善于制作守城武器一事，就推测说墨子出身于工匠阶层，墨家是手工业者团体，这种看法显然不符合实际。无论公输盘多么擅长制作攻城武器，精通攻城战术，他也绝不是工匠。同理，无论墨子多么擅长制作守城武器，精通防守战术，也不能证明他必然就是工匠。反而应该说，这提供了强烈的暗示，说明墨子出身于能够通晓军事的阶层，正如墨家自己在墨语诸篇中指出的那样，墨子可能出身于下级的士人，这一点也为此提供了进一步的证据。

《公输》篇中还记载，墨子的弟子禽滑釐留守后方，指挥着三百名墨家弟子组成的防守部队。关于这位禽滑釐，在《备城门》篇中记载说："禽滑釐问于子墨子曰：'由圣人之言，凤鸟之不出。诸侯畔殷、周之国，甲兵方起于天下，大攻小，强执弱。吾欲守小国，为之奈何？'"这就解释了墨家为什么要推行防守战，也阐明了其理念。据此来看，当时的诸侯无视天子的权威，擅自使用军事力量，侵略、吞并小国，破坏圣王制定的分封制度。为了抵御这种事态，就要用武力防守小国，维持其生存，维护分封制度，这正是非攻的理念所在。而禽滑釐所说的"诸侯畔殷、周之国"，其中所谓的殷，是指当时的宋国。周灭商之后，为了不让其祭祀断绝，也分封了商的后裔，将其封在宋国。墨家不认为分封制度是周的独特制度，而是将其理解为夏、商、周三代共通的天下制度，所以对墨家来说，宋国作为商的后裔，和周王室一样，都是分封制度的象征，而分封制度才是天下唯一合理的制度。所以，墨家保卫宋国不受楚国侵略，这一行为中还包含着如此特别的感情。

最后，从《公输》篇全文的特点来看，这一则记载有很强的故事性。墨子对公输盘和楚王展开的心理战术，具有战国时期纵横家活动中广泛存在的趣味性。而墨子与公输盘的案头演习，属于所谓的技艺比赛，是中国人非常喜爱的题材之一。此外，拯救国家免于灭亡的大恩人，却被怀疑是敌方的间谍，甚至都不能在城门口避雨，只能被人驱赶。全篇以这种讽刺收尾，结构十分紧密，在繁冗刻板的《墨子》一书中，算是文学性格外丰富的一篇。

第十六章　号　令

墨守城池

在城墙上负责守卫的士兵和官吏，各自对自己同伴（伍）的言行负有连带责任。如果有人图谋把城池交给外敌，（他本人自不必说，）他的父母、妻子、儿女和家财，一样都要被处罚。如果他的同伴知道他所策划的奸计，却没有逮捕他或者向上揭发，那么这个伍的全员都要判处同罪。普通人居住在城墙下的乡里，与邻里的同伴之间也有连带责任，这与城墙上的规则是一样的。如果有人（在自己的伍中发现）想要把城池出卖给敌人的背叛者，能够将他抓起来或者向上揭发，就把这个人封为千户之邑的领主。即使不是直属的同僚，如果能揭发其他伍中的叛徒，就封给这个人两千户的城邑。在城中，对于（城墙上和城内的）官吏、士兵和人民，禁止他们（没得到命令就擅自）下城墙并出城。按照侵略军的令旗信号行动之人，要依法裁决。反抗命令或不遵号令的人，要加以处罚。擅自批判指挥官所下达的命令，这样的人要加以处罚。接到命令却不执行的人，要加以处罚。（紧急状况下，不能使用梯子，就）要把戟支在城墙上，把它作为梯子上下城墙。此时，行动与别人不一致的人，要加以处罚。没有人回应，却随便大喊大叫的人，要加以处罚。

擅自释放违反命令的罪人，对这样的人要加以处罚。称赞前来侵略的敌军，在城内到处说同盟军的坏话，对这样的人要加以处罚。擅离职守而聚在一起聊天，对这样的人要加以处罚。听到了城上要求各就各位的鼓声信号，却不能按时登上城墙就位，这样迟到的伍，要对其全员加以处罚。（在城墙上负责守卫的人员）要各自在一块泥板上大大地写下自己的姓名，并将其竖立在各人所负责的区域边界处，以便明示。守城的将领一定要记清楚各个岗位的区域分布，如果不属于某个岗位的人（从他的岗位配置来看）毫无必要地移动位置，进入其他岗位，那就要处罚这个人。如果有人擅自与本岗位的同伴脱离，混进其他岗位的成员之中，或者有人装作不知情，而不逮捕那些携带私人信件、向上级长官提出私人要求、传递私人信件的人，或者有人擅自脱离（城墙上的）守备岗位，（逃到城下）回到自己家中办私事，以及有人（趁着男丁都去守城，家中疏于防范，）去士兵和百姓家里偷窃，对这样的人，就要处罚其全家，包括妻子儿女和幼小的孩子，绝对不能赦免。城内的人，其姓名和所负责的岗位都要记录在册；不携带作为通行证的符契，而擅自在军中走动的人，要加以处罚。

敌军前来围攻，在城墙下布阵时，（为了不让敌人看穿己方城墙上的防守配置，并扰乱敌军的部署，）可以针对敌军进攻部队的情况，频繁地变更城墙上的防守配置。但是，从城内向城墙上各岗位提供补给时，对应的后勤部队就维持最初的安排，不再变更。如果有人赞美敌军，把敌方的少量军队说成是大军来袭，把敌方混乱的部署说成是精妙的指挥，把敌人拙劣的攻击说成是精妙的战法，对这种人要加以处罚。在前来侵略的攻城军队与守城的防御军队之间，（为了防止内应，）城墙上的守军与城外的军队不能互相告知、询问彼此的姓名和作战部署。即使攻城的军队向城内射箭传书，也不能公开书信的内容。即使攻城的军队用花言巧语向城内实施利诱（比如赏赐投降者和背叛者），也不能允许人从内部响应。

不服从以上命令的人，都要依法裁决。发布严厉的禁令，绝不允许公开敌人射箭传书的内容，或者从城内向敌人射箭传书。违背这一禁令的人，（他本人自不必说，）对他的父母和妻子儿女都要判罪。（为了震慑他的同伙，也是为了让敌人知道，我方已经抓住了背叛者，以便让敌人放弃内应战术，）还要把他本人的尸体悬挂在城墙上。如果有人能揭发这种人，就赏赐他黄金二十两。在特定的时间段之外，只有守城将领之间的使者可以凭借符契自由通行。

守城的将领被派遣到城邑中负责防守时，一定要慎重地拜访乡里的长老、当地的行政官员和贵族，向他们询问城内的情况，了解哪些人因为私怨而结仇，把当事人请来帮助他们和解，让他们明确地约定，要同心协力参与防守。（即使他们明确约定了会和解，）守城的将领也一定要特别注意当事人，将其姓名特别记录在册，把他们两者和其他人分开。如果有人因为私怨而妨碍城池的防守和官员的政务，那么对他全家，包括父母和妻子儿女，都要判罪。

如果有人图谋将城池出卖给敌人，他的亲戚族人都要全部诛杀。如果有人能揭发这种间谍，就封给他一座城邑，和现在所守卫的城邑一样大小。守城的将领要把代表城邑领主的印章授予他，尊重他并任用他为官，向官吏、贵族以至于士兵、人民明确宣扬他的功绩，以及这些破格的待遇。对于与国外诸侯有广泛交往的当地豪族，要让守城的将领频繁地拜访他们，让守军的最高将领们结识这些豪强，运用巧妙的手段，让豪强们服从其所在区域的官吏。常常在指挥部宴请他们，通过怀柔政策控制他们的行为，使他们不能像以前那样自由进出国境。（为了让他们信守约定，）还要将他们的亲戚当作人质。（贯通城内东西南北的）大路沿途是各个乡，乡中如果有名门望族、长老、豪族，一定要尊重优待他们的父母、妻子、儿女。如果有吃不饱饭的穷人，要由指挥部分发食物。而且，对于勇士的父母、妻子、儿女、亲戚，要常常赐给他们美酒佳肴，一定要对他们表示尊敬，还要在指挥部的附近设立住宅给他们居住。守城将领使用的瞭望台，要能够俯瞰人质居住的地方，而且一定要用泥土精心粉刷墙壁和地板，保证从周围的各个方向都无法窥见瞭望台的内部。这样的话，从下方就看不到瞭望台的内部，但从瞭望台上仍可以看见下方，使下面的人无法判断瞭望台中到底有没有人。守城的将领从当地选拔、任用的官吏中，性格忠贞、廉洁、忠实、诚信的人，可以放心让他们办事而不必担心他们行为不端，对这样的人，不要严格限制他们的饮食，他们的私有财产（也不必上交，不必统一管理，）就让他们自己保管，谨慎地注意不要彼此偷窃。

用来管理人质的葆宫，其墙壁之外一定要有三层围墙包围，而且（不让声音外漏，从而暴露人质的位置。）出于保密的目的，葆宫的屋顶要铺上厚厚的瓦，四面的墙壁都用泥土仔细粉刷，做好隔音措施。出入各个乡里的大门，都配有专门的门卫，为了保证各门的开关由中央统一控制，要采取符契控制的方法，开关大门必须有符契为证，这代表了守城将领的命令、许可。葆宫的卫兵，一定要从众多士兵中，挑选出性格沉稳的人来担任。还要从众多官吏中，挑选出性格忠实诚信的人，可以放心让他办事而不必担心他行为不端，让这样的人担任葆宫的卫队长。由卫队长亲自指挥，建造起数十尺高的围墙，包围住葆宫的墙壁。守卫大门和各小门的士兵，不能同时守卫通往守城将领大本营的司马门（防止他们引来刺客）。观测天气来占卜胜负的人，（为了让普通人感受到他们的权威，）他们的住所一定要接近守城将领的大本营。同样，传达神明意志的巫祝，（为了维护其权威，）他们的住所一定要接近祭祀先君灵魂的国社，一定要对他们表示尊敬，要承认他们具有神秘的力量。巫祝史官和观测天气的占卜者，一定要向人民宣告对己方有利的占卜结果和预言。在向人民宣告时，他们一定要提前拜见守城的将领，将要宣告的内容报告给他，获得他的许可后才能宣告。拜见守城的将领时，谈话的内容（不得外传，）只能让将领一个人知道。如果巫祝和观测天气的占卜者（不配合操作舆论），在没得到守城将领许可的情况下擅自散布不利于己方的言论，引起城内人民的恐慌，动摇人心，那么就要对其加以严厉的处罚，绝不能赦免。

【原文】

城上卒若吏，各保其左右。若欲以城为外谋者，父母、妻子、同产皆断。左右知不捕告，皆与同罪。城下里中家人皆相葆，若城上之数。有能捕告之者，封之以千家之邑。若非其左右，及他伍捕告者，封之二千家之邑。城禁吏卒民下，效寇徽帜和旌者,断。不从令者,断。非擅出令者,断。失令者,断。倚戟县下城,上下不与众等者,断。无应而妄欢呼者,断。纵失者,断。誉客内毁者,断。离署而聚语者,断。闻城鼓声,而伍后上署者,断。人自大书版,著之其署隔,守必自谋其先后,非其署而妄入之者,断。离署左右,共入他署左右,不捕挟私书,行请谒,及为行书者,释守事而治私家事,卒民相盗,家室婴儿,皆断无赦。人举而藉之,无符节而横行军中者,断。

客在城下,因数易其署,而无易其养。誉敌少以为众,乱以为治,敌攻拙以为巧者,断。客主人无得相与言,及相藉。客射以书,无得举。外示内以善,无得应。不从令者皆断。禁无得举矢书,若以书射寇,犯令者,父母妻子皆断,身枭城上。有能捕告之者,赏之黄金二十斤。非时而行者,唯守及掺太守之节而使者。

守入临城,必谨问父老、吏大夫请有怨仇雠不相解者,召其人,明白为之解之。守必自异其人而藉之,孤之。有以私怨害城若吏事者,父母妻子皆断。其以城为外谋者,三族。有能得若捕告者,以其所守邑小大封之,守还授其印,尊宠官之,令吏大夫及卒民皆明知之。豪杰之外多交诸侯者,常请之,令上通知之,善属之所居之吏,上数馔具之,令无得擅出入,连质之。术乡长者、父老、豪杰之亲戚、父母、妻子必尊宠之。

若贫人食不能自给食者，上食之。及勇士父母、亲戚、妻子皆时赐酒肉，必敬之，舍之，必近太守。守楼临质宫，而善周必密涂楼，令下无见上，上见下，下无知上有人无人。守之所亲举吏，贞廉忠信，无害可任事者，其饮食酒肉勿禁，钱金布帛财物，各自守之，慎勿相盗。葆宫之墙，必三重墙之垣，守者皆累瓦涂墙上。门有吏，主诸门里筦闭，必须太守之节。葆卫必取戍卒有重厚者，谨择吏之忠信、无害可任事者，令将卫。自筑十尺之垣，周还墙。门闺者非令卫司马门。望气者舍，必近太守。巫舍必近公社，必敬神之。巫祝史与望气者，必以善言告民，以请报守。守独知其请而已。巫与望气，妄为不善言，惊恐民，断弗赦。

【解说】通过严厉和怀柔的政策巧妙守城

关于《墨子·号令》篇，苏时学等人认为，其中出现的官职名称都来自秦代的官吏制度，因而推测此篇成书于秦代，甚至有人主张此篇出于汉代人之手。不过，孙诒让已经逐一举例，反驳苏时学，指出他所认定的秦代官职名称，在战国时期都已经存在。而一九七二年，山东省银雀山西汉墓出土了大批竹简，记载了《孙子》《六韬》《尉缭子》《晏子春秋》等典籍，其中部分断简与此处的《墨子·号令》篇一致。考虑到以上情况，以及《号令》篇中反复争夺城邑的时代背景，可以确定，

《号令》篇成书于秦以前。它记录了战国时期墨家的守城战法指南，这种看法是比较合适的。

　　《号令》篇全文篇幅很长，本章翻译的只是其中一部分。由于前后省略了大段内容，读者可能很难理解守城战斗的整体状况，此处做一补充说明。当时的城邑，由外郭和内城两层城墙包围着。迎击侵略军的攻击时，首先要在外郭进行防守作战。《号令》篇中出现的城墙，全都是指外郭。而外郭和内城之间，广泛分布着平民百姓的居住区（乡、里）。所以守城的将领进行防守作战时，其背后就是这种生活区，因此他们除了指挥战斗，也必须分神维护社会治安，防范纵火和盗窃等犯罪行为。而且，在人口众多的大城市中，参战的市民通常彼此不相识，在这种环境中，内应和敌人的间谍很容易策划秘密活动，而无人怀疑他们。因此守城的将领还必须要提高警惕，揭发形迹可疑之人。此外，居住在乡里的人民，有的担任城墙上的卫兵，直接参与战斗，有的则属于支援部队，向城墙上的守军提供箭矢、石块、柴草、食物等补给物资，还有的则是生产部队，通过制造、修理武器和服装，间接参与战斗。像这样，坚守城池的战斗会持续数月乃至数年。

　　于是，在城邑的防守战斗中，无论是否受到敌军的围攻，平民百姓的居住区本身就成了战场。而平民百姓们也在各级官吏的指挥下（顺便一说，中国古代的军队完全由文官管理），立刻被收编为战斗人员和准战斗人员，必须依照军令行动。这些外行人完全没有战斗经验，彼此也毫不相识，但却被大量动员起来，而且由于守城战斗完全占据了这些市民的生活，所以军令的规定不仅细致入微，更是分外严格。

籾山明在其著作《法家以前——春秋时期的刑与秩序》中提出了这样独到的见解：在春秋时期，军队一旦编成，在军中就形成了仅由军令约束的特殊社会，这种制度扩大到整个非战时和平时社会，再加上强化君权的因素，就出现了法家理想中的法治社会。该研究的视野没有局限于抽象的法家思想内部，而是着眼于新的视角，观察仅由法来支配的具体情境，从中寻找法家思想的发展原因。

根据籾山的创见来进一步展开思考，可以发现，在《号令》篇描绘的守城战斗中，包含了老人、女性和孩子的平时社会被原封不动地军事组织化了。从这一点来看，与完全由士兵构成的野战军相比，这种守城战斗更符合法术思想理想中的法治国家形象，并为后者提供了合适的实例、模型。这是因为，如果把守城战斗中暂时出现的社会，扩大到非战时的平时生活中，立刻就会形成商鞅所描绘的军事国家。而且，在守城战斗中，由于前文所述的独特性，维持平时的社会治安就与维持军令更加直接地结合起来。因为，在反复争夺城邑、战斗不休的春秋、战国时期，要由法来维持平时社会的治安，其前提必须是，这种秩序能够迅速转化为围城战斗中的军令。

《墨子·尚贤》篇说"居处无节，出入无度"（中篇），存在着和《号令》篇一致的内容，而且其后续有"守城则倍畔"（同上），这些内容恰好说明，墨家非常注意平时社会治安的维持与守城战斗之间的转化关系。以变法闻名的商鞅，将平时社会置于战时体制之下，把平时由法规定的赏罚，转换为战时军令的赏罚规定，从而将两者推向表里一体的方向，力图建立法治国家。而墨家的尚贤论和尚同论中，之所以包含了与商鞅法术思想相通的集体主义倾向，其原因之一，正是因为墨家拥有丰富的守城战斗经验，多次目睹了平时社会向仅由军令约束的战时社会转化，并从中得到了与商鞅类似的创想。

《号令》篇的内容中，还有一点非常有趣，那就是指挥守城战斗的守城将领，与当地各种势力之间的关系。如果城邑受到攻击，就由中央政府派遣太守率领防守部队进城驻扎。此时，防守部队的首脑，一方面需要依靠当地的贵族（大夫）、豪族、父老、长者等有势力的人，以及观测天气的人和巫祝等有特殊能力的人，另一方面也需要制约、利用他们。因为在这些人中，前者依靠传统的权威、声望或经济能力，能够对当地社会的人民施加很大的影响，而后者则通过占卜、咒术、医疗等手段，对当地居民拥有精神上的影响力，能够左右人心。在平民百姓也大规模参与的守城战斗中，如何防止人心动摇，如何激发斗志，防范内应，这是胜负的关键。于是对于这些人，要采取巧妙的手段，一方面要优待他们，采取怀柔政策，另一方面也要让他们协助进行防守战。这种防守战虽然由中央政府主导，造成了与法家理念极为相似的社会形态，但仍然必须和当地势力妥协，才能够最终取得成功。

由此可以知道，从战国时期开始，豪族就已经在当地社会中建立起深厚的根基，甚至"外多交诸侯"，连国家权力也不能小觑其实力。有一种看法认为，秦汉时期，通过强权进行人身支配的皇帝权力，与形成于小农之中的自律性乡里共同体，两者形成两极对立，据此认为，豪族从乡里社会的层级分化中产生、发展，最终走向了东汉和六朝的门阀豪族制度。但是事实并非如此，豪族从战国时期已经存在，并有着强大的势力。正因如此，秦始皇才"徙天下豪富于咸阳十二万户"（《史记·秦始皇本纪》)，将大批豪族强行迁居到首都咸阳。

《号令》篇记录了当时的守城战斗，这种战斗对人民日常生活的细枝末节严加管制，全篇的内容生动描绘了当时凄惨严酷的状况。然而，如果遭到敌军屠城，等待城中人民的，则是非攻论和天志论中详细描述过的悲惨命运。所以应该说，这种严酷的守城战斗，是为了避免惨祸，不得已而为之的措施吧。

墨家及《墨子》

墨家的诞生

关于墨子的材料

墨子名叫墨翟。他的生平事迹不明，生卒年也不详。所幸《墨子》一书的《耕柱》《贵义》《公孟》《鲁问》四篇，记载了墨子的言行。关于墨家诞生初期的情况，这些篇章几乎是现存的唯一文献材料，非常珍贵。不过，历来学者往往认为这四篇的内容并不可靠，故不加采用。然而这种看法缺乏根据，只是一种暧昧模糊的质疑。因而，本书将积极利用这四篇材料，并参考其他相关材料，尽可能地考证墨子及其所处时代的情况。

墨子及其所处的时代

首先要明确的是，墨子主要活跃于什么时代。在《论语》中完全看不到墨子的名字。墨子创立的学派，其根据地与孔子的学派一样都在鲁国，而且墨子的弟子数量很多，如果墨子比孔子时代更早，或者与孔子同时代，那么孔子及其弟子必然会提及墨子。所以只能认为，墨子是时代晚于孔子的人。

与《论语》不同的是，孟子极力批判墨子，对墨家思想的盛行感到担忧。据此可以判断，比起孟子活跃的战国中期（约公元前 4 世纪中期），墨子所处的时代要更早一些。

以上就可以确定墨子所处时代的上限和下限，下面就更进一步，在这个范围内，能否确定一个更具体的时期呢？

《墨子·贵义》篇说"子墨子南游于楚，见楚献惠王。献惠王以老辞"，记载了墨子请求面见楚献惠王的事。清代学者苏舆认为，这里的楚王，指的是公元前 488 年到公元前 432 年在位的惠王。而同时代的学者孙诒让则指出，根据汇集了楚国故事的《渚宫旧事》注，墨子所见的惠王已经在位五十年，据而推测这件事发生在周考王二年，即鲁悼公二十九年。那么，墨子请求会见楚惠王而遭到拒绝，应该是公元前 439 年的事。而墨子的思想活动，应该开始于比这更早一些的时期。

而且，《鲁问》篇说"子墨子见齐大王曰"，记载了墨子会见齐太公田和的事。太公田和于公元前 409 年担任齐国的宰相，卒于公元前 388 年。所以，这件事发生在公元前 409 年到公元前 388 年之间。

此外，《鲁问》篇还记载了这样一件事：鲁阳文君要攻打郑国，墨子请求他停止进攻，鲁阳文君说："先生何止我攻郑也？我攻郑，顺于天之志。郑人三世杀其父，天加诛焉，使三年不全。"这是说，郑国的三代国君哀公、幽公、缮公都被人杀死，而缮公是在公元前 396 年被杀害的。鲁阳文君说，郑缮公死后的三年中郑国的农作物都歉收，那么，墨子请求鲁阳文君停止攻打郑国，这件事应该发生在公元前 394 年或公元前393 年。而且，在墨语诸篇的材料中，关于墨子活动的具体时期，这是时代最晚的一则记载。

接下来，就从《墨子》以外的材料，推断墨子活动时期的下限。《吕氏春秋·上德》篇有这样的记载：墨家团体与楚王的军队交战，战败后为了负起责任而集体自杀[1]。这是公元前 381 年的事，此时墨家团体的统帅已经是第三代钜子（领导者）孟胜。从这一点来看，墨子担任钜子的阶段，在公元前381 年的早前就已经结束了。那么可以推测，墨子卒于公元前393 年之后不久。

综合以上的年代，可以知道，墨子活跃地游说各国，进行思想活动，这大约是在公元前 439 年到公元前 393 年之间的事。《鲁问》篇说："公尚过说越王。越王大说，谓公尚过曰：'先生苟能使子墨子于越而教寡人，请裂故吴之地，方五百里，以封子墨子。'"按照这一记载，越国此时已经吞并了吴国。此

1　这段记载可参考后文"墨家学者的质变性强化"一节，彼处有全文引用。

外《鲁问》篇还记载"楚之兵节，越之兵不节。楚人因此若埶，亟败越人。公输子善其巧，以语子墨子曰"，说明楚国和越国此时正在激烈交战。公元前472年越国灭掉吴国后，进一步发展壮大，与毗邻的楚国频繁交战，这种状况正发生在上述时代。

综合以上各点，可以将墨子活跃的时期大致确定在公元前450年到公元前390年之间，这是比较合适的。

墨子的出身国家

接下来讨论与墨子出身有关的问题，包括墨子的出身国家、出身阶层及其思想活动的动机等。目前，尚未发现关于墨子出身国家的明确证据。然而，根据"子墨子自鲁即齐，过故人"（《贵义》篇）、"以迎子墨子于鲁"（《鲁问》篇）等记载可以确定，墨子的学派根据地在鲁国境内。

按照"鲁惠公使宰让请郊庙之礼于天子，桓王使史角往，惠公止之。其后在于鲁，墨子学焉"（《吕氏春秋·当染》篇）的记载，从周王室到鲁国传礼的史角，随后就留在鲁国居住，墨子曾经受教于其子孙，把这种学问上的传承与前一点结合起来看，基本可以认定墨子是鲁国人。

墨子的出身阶层

那么，墨子最初的身份是什么呢？在《鲁问》篇中，墨子讲述了自己从事思想活动之前的身世，这段记载非常有趣：

> 鲁之南鄙人有吴虑者。冬陶夏耕，自比于舜。子墨子闻而见之。吴虑谓子墨子："义耳义耳，焉用言之哉？"子墨子曰："子之所谓义者，亦有力以劳人，有财以分人乎？"吴虑曰："有。"子墨子曰："翟尝计之矣。翟虑耕而食天下之人矣，盛。然后当一农之耕，分诸天下，不能人得一升粟。籍而以为得一升粟，其不能饱天下之饥者，既可睹矣。翟虑织而衣天下之人矣，盛。然后当一妇人之织，分诸天下，不能人得尺布。籍而以为得尺布，其不能暖天下之寒者，既可睹矣。翟虑被坚执锐，救诸侯之患，盛。然后当一夫之战。一夫之战其不御三军，既可睹矣。翟以为，不若诵先王之道而求其说，通圣人之言而察其辞，上说王公大人，次匹夫、徒步之士。王公大人用吾言，国必治；匹夫、徒步之士用吾言，行必修。"

吴虑信奉"不言力行"，默默实践道义，他对墨子依靠言论进行的思想活动提出批判。对此，墨子坦白说，自己过去也曾经想要亲自耕田织布，亲自拿起武器战斗，拯救天下的危难。然而，面对拯救天下这一远大的目标，他发现个人的努力是没有用的，于是转变了方针，用思想来教化天下。

在这段回忆中，作为证据出现的"一农""一妇""一夫"等身份，与墨子本来所属的阶层是不同的。这是因为，墨子这段话要表达的是，自己无论怎么拼命努力，也不能取得超过他们的成果。因此，墨子的身份与吴虑类似，他既不是与农耕纺织完全无缘的统治阶层，也并非出身于农民阶层。不妨推测，他是置身于农业社会中的下层武士。吴虑也是如此，尽管过着"冬陶夏耕"的生活，但仍然"自比于舜"，可见他有一定的学问，本来并非农民。也就是说，如果用墨子自己的话来说明他的出身阶层，他不是"王公"（诸侯）或"大人"（贵族），也不是"匹夫"（平民百姓），而是"徒步之士"（下层武士）。

墨子意识到亲自耕织参战的无力后，转而探求"先王之道""圣人之言"，这一点也说明，他和没有学问的文盲农夫不同，而是出身于知识阶层。其实墨子是知识非常丰富的人，他学有传承，就学于史角的子孙；尽管他一再强调日常生活中的实践，但弦唐子曾震惊于墨子丰富的藏书量，说"今夫子载书甚多"（《贵义》篇），这一记载也证明了墨子学识丰富。因此可以确定，墨子的出身阶层高于平民百姓，即出身于士人阶层。

一直以来，关于墨子的出身有各种不同的观点：有人认为他是工匠，统率着处于隶属地位的手工业者团体；有人认为他受过刺青的墨刑，是刑徒、贱民；还有人认为他统率着任侠之士结成的私党，是其中的首领。但是这些看法，在《墨子》和其他各种材料中，都找不到一丝一毫的证据，完全是臆测而已。

思想活动的动机和目标

墨子思想活动的动机，在讨论他的出身阶层时已经涉及，此处再进一步分析。

根据前文所引墨子和吴虑的对话，墨子年轻时的目标，在于"饱天下之饥者""暖天下之寒者""救诸侯之患"。在这三点之中，前两者是为了救济天下人，不让他们饿死冻死，救济的对象自然就不是富裕的统治阶层，而是苦于维持生计的普通人民。

如果只看到以上这一点，并且把墨子的出身推测为工匠或刑徒，当然就容易得出结论，认为墨子思想活动的动机和目标，是站在人民的立场上批判统治阶层，并要求改革已有的身份秩序和社会制度。然而，这种看法完全是误解，是把狭隘的意识形态强加于墨子的结果。之所以这样说，是因为墨子还提出了"救诸侯之患"这个目标。他要救济的对象，并不只限于人民，还包括了各国的国君，有更广的范围。

以上这点，在墨子放弃了个人实践的路线，转变方针，从事思想活动后，也依然没有改变。墨子以自己的思想游说时，把其教化的对象设定在一个广大的范围，从"上说王公大人"直到"次匹夫、徒步之士"，他所期待的效果当然也就很广泛，即从各国安定的统治，直到士人和平民的个人修养。

总之，墨子思想活动的动机和目标，并非出于偏颇的立场，为某个特定身份阶层的利益代言，而与其他阶层敌对。墨子基于全世界的视角，在他所生活的春秋末期到战国初期，无所遗漏地拯救整个天下。

学派的形成

为了实现这种理想，墨子在鲁国创立了学派，墨家由此产生。墨子教育了众多弟子，把他们培养成独当一面的墨家学者，派他们前往各国游说，让他们去各国为官。墨子通过这种方式，试图让自己的主张在全天下实现。然而墨子这精心的计划，却未能如愿实现。

这是因为，前来求学的弟子们聚集于墨子门下，其动机大多数是为了获得墨子的学问，从而在各国出仕，担任高官，而并不是对墨子的思想本身有共鸣。也就是说，墨子为了实现理想而创立学派，弟子们则为了获得利益而加入学派，两者的目的从一开始就大相径庭。面对这样的弟子们，墨子不得不煞费苦心。在墨语诸篇中，就多次出现了墨子教育弟子时的棘手状况：

（1）有游于子墨子之门者。子墨子曰："盍学乎？"对曰："吾族人无学者。"子墨子曰："不然。夫好美者，岂曰吾族人莫之好，故不好哉？夫欲富贵者，岂曰我族人莫之欲，故不欲哉？好美、欲富贵者，不视人，犹强为之。夫义，天下之大器也。何以视人？必强为之。"（《公孟》篇）

（2）有游于子墨子之门者。身体强良，思虑徇通，欲使随而学。子墨子曰："姑学乎，吾将仕子。"劝于善言而学，其年，而责仕于子墨子。子墨子曰："不仕子。子亦闻夫鲁语乎？鲁有昆弟五人者，其父死，其长子嗜酒而不葬。其四弟曰：'子与我葬，当为子沽酒。'劝于善言而葬。已葬而责酒于其四弟。四弟曰：'吾末予子酒矣。子葬子父。我葬吾父。岂独吾父哉？子不葬则人将笑子。故劝子葬也。'今子为义，我亦为义。岂独我义也哉？子不学则人将笑子，故劝子于学。"（《公孟》篇）

首先，（1）中记载了一个懒惰的弟子，身在学派中，却完全不肯学习，面对墨子的教诲时，甚至反驳说"吾族人无学者"。可见弟子的意识，仍然受到其出身家族的强烈影响，墨子的教诲很难突破这一壁垒。

而（2）也是一样，就算是素质优秀有潜力的弟子，尽管被墨子描绘的仕途前景所吸引而开始学习，但不过一年后，也开始要求老师履行承诺，让自己出仕。

总之，这种情况真实地反映出，学派成员的入门动机主要还是获得高官厚禄，是追求个人的功利。这一点也见于"鲁人有因子墨子而学其子者，其子战而死，其父让子墨子"（《鲁问》篇），在这个例子中，父亲期待自己的儿子出人头地，儿子却在官位上战死，父亲因此责备墨子。由此可见，不仅仅是弟子，把子弟送到学派中学习的父亲和兄长，也有这样的功利心。所以，弟子的学习意愿非常低下，对墨家思想的感情当然也十分淡漠。

当弟子们在学派中积累了一定的修养，到各国出仕为官后，这样的倾向依然没有改变。

（3）子墨子仕人于卫，所仕者至而反。子墨子曰："何故反？"对曰："与我言而不当。曰'待女以千盆'，授我五百盆。故去之也。"子墨子曰："授子过千盆，则子去之乎？"对曰："不去。"子墨子曰："然则非为其不当也，为其寡也。"（《贵义》篇）

（4）子墨子使胜绰事项子牛。项子牛三侵鲁地，而胜绰三从。子墨子闻之，使高孙子请而退之曰："我使绰也，将以济骄而正嬖也。今绰也禄厚而谄夫子，夫子三

侵鲁而绰三从，是鼓鞭于马靳也。翟闻之：'言义而弗行，是犯明也。'绰非弗之知也，禄胜义也。"（《鲁问》篇）

（5）后生有反子墨子而反者曰："我岂有罪哉？吾反后。"子墨子曰："是犹三军北，失后之人求赏也。"（《耕柱》篇）

首先，在（3）中，墨子派去卫国做官的弟子，由于实际得到的俸禄与之前说好的不一致，就感到不满，未得到墨子的允许，就擅自离开了卫国。墨子对这个弟子说，你声称是因为对方言行不一而愤怒，这理由听上去冠冕堂皇，但这只是在美化自己。你实际上只是因为俸禄太少而生气，由此指出了这个弟子志向卑下，敦促其反省。

接下来在（4）中，墨子的弟子胜绰，在齐国重臣项子牛门下做官，他不仅不能实践墨子的非攻理念，反而三次随军，跟从项子牛侵略鲁国。墨子认为这种行为是对学派的背叛，于是派弟子高孙子去找项子牛，希望他罢免胜绰。在这里，派遣弟子为官的墨子，与出仕为官的弟子，两者的意图之间存在隔阂，这一状况得到了鲜明的反映。

而在（5）的场景中，一位弟子违背了墨子的指示，擅自离开，却又说自己比其他人离开得晚，以此为借口，若无其事地与墨子辩驳说"我岂有罪哉"。对此墨子指出，你这种说法就像是全军战败后，迟一点逃跑的人还一脸得意地要求奖赏，用这种比喻讽刺了此人的厚颜无耻。

这些例子清楚地显示，无论墨子如何努力教诲学派成员，都很难获得成效。弟子们始终把学派当作跳板，他们的意识仅仅集中在高官厚禄上，从他们的言行中，也基本看不到践行墨家思想的热情。正所谓"禄胜义"（《鲁问》篇），可以说，这种功利主义的追求主宰了整个学派。

《耕柱》篇中记载，高石子在卫国做官，由于卫君不肯实行他的意见，他就放弃了高官厚禄，离开了卫国[1]。这种情况看来是非常罕见的例外，于是墨子十分高兴，鼓励他说："去之苟道，受狂何伤！"还对高足禽滑釐称赞他说："夫倍义而乡禄者，我常闻之矣。倍禄而乡义者，于高石子焉见之也。"（《耕柱》篇）巫马子说"子为之，有狂疾"（同上），批评墨子为了实践道义，简直像得了狂病。然而在墨子众多的弟子中，以狂来实践道义的，却仅有高石子一人，从中反而能看出墨家团体形成之时的主流倾向。其后的孟子评价说"杨氏为我""墨子兼爱"（《滕文公下》篇），然而这一时期的墨家学者，其所作所为却恰恰是一种"为我"。

1　见《墨子·耕柱》篇："子墨子使管黔敖游高石子于卫，卫君致禄甚厚，设之于卿。高石子三朝必尽言，而言无行者。去而之齐，见子墨子曰：'卫君以夫子之故，致禄甚厚，设我于卿。石三朝必尽言，而言无行，是以去之也。卫君无乃以石为狂乎？'"

成员的管理与鬼神信仰

由于弟子入门时的这种意识水平，墨子必然要面对一个难题，那就是对弟子进行实质性的强化。那么，墨子为此采取了怎样的方针呢？大体来说，墨子使用的主要方法，是向弟子灌输鬼神信仰。

（6）有游于子墨子之门者。谓子墨子曰："先生以鬼神为明知，能为人祸福[1]，为善者富之，为暴者祸之。今吾事先生久矣，而福不至。意者先生之言有不善乎？鬼神不明乎？我何故不得福也？"子墨子曰："虽子不得福，吾言何遽不善？而鬼神何遽不明？子亦闻乎匿刑徒[2]之有刑乎？"对曰："未之得闻也。"子墨子曰："今有人于此，什子。子能什誉之，而一自誉乎？"对曰："不能。""有人于此，百子。子能终身誉其善，而子无一乎？"对曰："不能。"子墨子曰："匿一人者犹有罪，今子所匿者若此其多，将有厚罪者也。何福之求？"（《公孟》篇）

---

1 所引汉文训读文如此。"能为人祸福"五字，旧本作"能为祸人哉福"，文意不通。孙诒让推测此句当为"能为人祸福哉"。吴毓江改为"能为祸福"。

2 所引汉文训读文如此。"匿刑徒"三字，旧本作"匿徒之刑"，俞樾和苏时学认为"之刑"二字为衍文。孙诒让认为当作"匿刑徒"。吴毓江怀疑"匿徒之刑"是专有名词。

墨子教育弟子说，鬼神能明知人事，洞察人类的种种行为，对善行施以福报，对恶行降下灾祸，监督着人类的伦理行为。也就是说，墨子依靠鬼神的权威，将这种外部的制约作为教化弟子的有力手段。弟子们入门的主要动机，本来就是追求自身的利益，所以对他们来说，这种利益诱导是最为立竿见影的手段。

这种教化方法的确便捷，但是另一方面，其效果却有很大的局限性，不能让弟子真正地心向道义。因为这种方法毕竟只是鬼神监督和利益诱导的结合，所以一旦结果不如愿，弟子们就会像（6）中那样，对鬼神的威力和墨子的说教产生怀疑，不再信任。

对此，墨子回击说，哪怕心中有一丝一毫的隐瞒，鬼神都会看穿此人心意不纯，不会赐福于他。由此可以看出墨子的意图，他希望弟子从心底归顺鬼神，使他们对鬼神的信仰更加内化，更加彻底。尽管如此，促进信仰内化的手段，仍然是利用了弟子对个人福祉的强烈渴望，这一点并没有改变。只要这种功利主义的立场没有改变，那么弟子们对信仰的疑问就不会消失。

（7）子墨子出曹公子而于宋。三年而反，睹子墨子曰："始吾游于子之门，短褐之衣，藜藿之羹，朝得之则

218

夕弗得，祭祀鬼神，今而以夫子之教，家厚于始也，有家享[1]。谨祭祀鬼神。然而人徒多死，六畜不蕃，身湛于病。吾未知夫子之道之可用也。"子墨子曰："不然！夫鬼神之所欲于人者多。欲人之处高爵禄则以让贤也，多财则以分贫也。夫鬼神岂唯擢黍拑肺之为欲哉？今子处高爵禄而不以让贤，一不祥也。多财而不以分贫，二不祥也。今子事鬼神，唯祭而已矣，而曰：'病何自至哉？'是犹百门而闭一门焉，曰：'盗何从入？'若是而求百福于鬼神[2]，岂可哉？"（《鲁问》篇）

（8）子墨子有疾，跌鼻进而问曰："先生以鬼神为明，能为祸福，为善者赏之，为不善者罚之，今先生圣人也。何故有疾？意者先生之言有不善乎？鬼神不明知乎？"子墨子曰："虽使我有病，何遽不明？人之所得于病者多方，有得之寒暑，有得之劳苦。百门而闭一门焉，则盗何遽无从入？"（《公孟》篇）

在（7）中，弟子向墨子表达了自己心中的疑惑：他按照

---

1 所引汉文训读文如此。"有家享"三字，旧本作"有家厚"，孙诒让认为此处的"厚"当为"享"。
2 所引汉文训读文如此。"求百福于鬼神"六字，旧本作"求福于有怪之鬼"，文意不通。孙诒让认为，后文紧接着出现了"鲁祝以一豚祭，而求百福于鬼神"，据此，此处当作"求百福于鬼神"。

墨子的教诲祭祀鬼神，结果比起刚入门时，生活确实富裕了。然而更加热心地祭祀鬼神之后，却是灾难不断，因此不知道是否应该继续奉行老师的教导。对此，墨子回应说，鬼神对人的要求中不仅包括奉上贡品进行祭祀，还包含了很多事项，比如把高官厚禄让给贤人，将金钱财富分给穷人等等，由于弟子没有做到这些善行，所以鬼神不会实现其全部愿望。

而在（8）中，弟子跌鼻直率地表达了自己的疑惑：老师您平时极力宣扬鬼神的赏罚，但您自己为什么还会生病呢？是您的教导有误，还是鬼神不能明察呢？对此，墨子指出生病的原因是多种多样的，试图用一个稍欠说服力的回答蒙混过去。

这些例子说明，墨子想要通过鬼神信仰来教化弟子，但实际情况并不能如他所愿。墨子的明鬼论究竟是宗教还是权宜之计，这个问题一直以来都是讨论的焦点。然而单纯地二选一并不能解决问题。可以说，墨子向弟子灌输的鬼神信仰，其本身的形态毫无疑问是一种宗教。然而，从墨子向弟子灌输鬼神信仰时的意图来看，这的确又是一种权宜之计。在（7）中，墨子将尚贤和兼爱的墨家思想也加入鬼神的要求事项之中，可见墨子所谓的鬼神，已经按照墨家思想被改造了。由此也可以看出，两者的先后关系显然如下：在墨子的脑海中，首先产生了思想，随后才出现了思想教育的手段，也就是鬼神信仰。

正因为鬼神信仰不过是权宜之计，所以，尽管信仰的大前提是鬼神掌管一切祸福，但墨子在（6）（7）（8）中的回答都有着机会主义的矛盾：（6）（7）突然提高了鬼神的要求，将得不到福祉的原因归于弟子的信仰之心不足；（8）则转而在鬼神的惩罚之外寻求自己生病的原因。前文引用的（2）也是如此，墨子一开始用出仕为官的花言巧语吸引弟子来学习，但随后则无情地指出，这完全是权宜之计。由此可见，墨子的性格中既有富于热情的一面，同时又有老奸巨猾的色彩，为了权宜不惜说谎。可以说，墨子的鬼神信仰正是这种性格的表现之一。

钜子的权威

从先秦时期的各种材料来看，墨家学派的领袖被成员们尊称为钜子。"钜"这个词原本是指矩尺，墨家用它来表示万事的标准，因此也用它来称呼领袖。规矩、绳墨和权衡，用这些词来象征客观和公正，与此是类似的意思。

墨子本人是否曾经被尊称为钜子，尚无确证。然而在《墨子》中，包括记录墨子言行的墨语篇章，墨子都被记载为"子墨子"，这可以看作是"钜子墨子"的省略。因此可以认为，在墨子时期就已经存在"钜子"这种尊称。墨子就是第一代钜子。

而战国时期的各种材料也显示，在墨家团体的内部，钜子具有绝对的权威。然而与此相对，在《墨子》的墨语诸篇中，墨子的形象却并非如此，在他身上很难看到绝对领袖的风采。如前文所述，多数弟子并没有学习的欲望，不能实践墨子的教诲，还一再做出背信弃义的行为，却完全不以为耻，甚至当面向墨子表达疑惑，直言自己不能信奉墨子的学说。

弟子们的这些言行能够有力地证明，在墨子时期，钜子的绝对权威尚未得到确立。弟子大多怀着功利性动机入门。而此时墨子尚不能以钜子的权威来教化他们，所以不得不借助鬼神信仰的手段。钜子权威不足，这也是墨子动用鬼神信仰来教化弟子的原因之一。墨子想要提升学派成员的意识，让他们从"禄胜义"（《鲁问》篇）进步到"倍禄而乡义"（《耕柱》篇）的水平，这条道路依然困难重重。

十论的形成

墨子的思想由十种主张构成，称为十论。其内容包括："尚贤"倡导能力主义，"尚同"要求服从各级统治者，"兼爱"主张同等地去爱自己和他人，"非攻"否定侵略战争，"节用""节葬"崇尚节约，"天志""明鬼"提倡服从天帝和鬼神，"非乐"警惕对音乐的沉迷，"非命"则否定宿命。

而问题在于，以上十论是在墨子时期已经形成，还是经历了长期的发展而完备？持后一种观点的代表人物是渡边卓。他认为兼爱、非攻的理论支持弱者，而尚同、天志的理论系统则是天子专制理论，旨在建立强大的帝国，由此进一步说明，到了战国后期，墨子时期的兼爱、非攻理论系统已经衰落，而尚同、天志的系统则随之兴起。这种看法如今基本已成定论。然而，仔细观察《墨子》的墨语诸篇，就会发现这种看法很难成立。其最直接的证据，就是《鲁问》篇的以下记载：

> 子墨子游魏越，曰："既得见四方之君子，则将先语？"[1]子墨子曰："凡入国，必择务而从事焉。国家昏乱，则语之尚贤、尚同；国家贫，则语之节用、节葬；国家憙音湛湎，则语之非乐、非命；国家淫僻无礼，则语之尊天、事鬼。国家务夺侵凌，即语之兼爱、非攻。故曰择务而从事焉。"

墨子教导弟子魏越，让他根据所到之国的状况，重点选择游说的内容。而在这些内容中，十论已经齐备。因此可以认为，早在墨子时期，十论的主张就已经全部形成。还需要注意的是，十论两两一组，被分成五类。据此，墨子自己认为，尚

1　所引汉文训读文断句如此。且据后文，本书作者理解为"子墨子让魏越游历，（魏越）说：'见到四方的君子后，（我）先说什么？'"然而苏时学解释"子则将先语"为"子将奚先"。孙诒让、吴毓江等从之。据此则断句当为："子墨子游，魏越曰：'既得见四方之君，子则将先语？'"意思是"子墨子要出游，魏越说：'见到四方的国君之后，您将要先说什么呢？'"

贤尚同、节用节葬、非乐非命、天志明鬼、兼爱非攻这五组内容，其内部分别具有类似的特点和目的，每组都是同类的主张。这一点提供了重要的线索，它提醒我们，在考察十论的思想特点时应当注意，像尚贤论和尚同论这样的内容具有密切的内部联系，不能彼此割裂。

而且，墨子要求根据对方国家的情况，恰当地运用十论。这说明十论的最终目的，都在于维持各国的稳定生存，同时也说明，包括鬼神信仰在内的十论，自始至终都是用来实现目的的手段。此外，十论的这些主张，在墨语诸篇中广泛可见，不限于前文引用的材料。其中，尚同和尚贤出现得相对较少，加上前文引用的材料，前者出现三次，后者两次。不过这恰好能够说明，十论的其他主张都是与儒家或好战之君争论的焦点，而尚贤和尚同在当时受到的反对最少，所以出现的次数少，并非因为墨子时期尚贤论和尚同论尚未出炉。墨子的思想活动持续了五十年以上，可以认为，他本人这一代就具备了足够的时间以形成十论的全部内容。

学派的组织形式

墨子的学派与孔子的学派相比，组织性更强。《耕柱》篇中记载，治徒娱和县子硕两位弟子问墨子说"为义孰为大务"。对此，墨子用建筑墙壁时的分工做比喻，回答说"能谈辩者谈辩，能说书者说书，能从事者从事，然后义事成也"。据此，墨子的学派内部分工为三组，包括游说各国、推广墨家思想的游说组；在学派内整理典籍课本、负责教育弟子的讲授组；以及生产粮食、担当杂役、制作守城武器、参加防守战斗的劳动组。整个学派是一个大型组织。而且，学派还派遣许多弟子去各国为官，以官吏的身份努力普及墨家思想。不过，这些人并非终身雇佣的官吏，因此一旦需要，他们就会像前文所述的那样，随时回归学派。

此外，在墨子的学派中，为了让游说组更方便地展开活动，在各国为官的弟子们还具有学派支部的功能。《耕柱》篇的以下记载，就展示了当时的实际情况，相当有趣：

> 子墨子游荆耕柱子于楚，二三子过之，食之三升，客之不厚。二三子复于子墨子曰："耕柱子处楚无益矣。二三子过之，食之三升，客之不厚。"子墨子曰："未可智也。"毋几何而遣[1]十金于子墨子，曰："后生不敢死，有十金于此，愿夫子之用也。"子墨子曰："果未可智也。"

这则材料说明，游说组在各国旅行时，墨家学派派遣到各

1　所引汉文训读文如此。"遣"字各本作"遗"。

国为官的人，必须要负责提供食宿。这样，在全国性组织的支援下，墨家学者才能够不远万里地进行活动，传播墨家思想。

这则材料的有趣之处还在于，它展示了墨家学派的经济来源状况。可以估计，像耕柱子那样在各国为官之人，会从各自的俸禄中拿出一部分资金，交给学派。尽管墨子的学派崇尚节俭，衣食方面大多采取自给自足的制度，但是，为了供养大量的弟子，制作守城武器，还是会花费高额的费用。

在墨语诸篇中，鲁国的国君频繁向墨子咨询问题，那么，对于本国内的墨家学派，鲁国国君想必会以顾问费的形式，提供相当数量的资金支持。此外，尽管不像孔子的学派那样有明确的记载，不过弟子们入门，应该需要交纳一定的入门费乃至学费。而且，那些拜托墨子防守城邑的国君，应该也会提供一定的酬金。这些收入，以及在各国为官的弟子汇款，就构成了墨家学派主要的经济来源，墨子很可能以此来维持整个学派的运营。

墨家随后的发展

墨家学者的质变性强化

墨子创立的学派，在他死后又是怎样发展的呢？这里首先介绍一则著名的材料，其中展示了战国时期墨家学者的形象：

> 墨者钜子孟胜，善荆之阳城君。阳城君令守于国，

226

毁璜以为符，约曰："符合听之。"荆王薨。群臣攻吴起，兵于丧所，阳城君与焉。荆罪之，阳城君走。荆收其国。孟胜曰："受人之国，与之有符。今不见符，而力不能禁。不能死，不可。"其弟子徐弱谏孟胜曰："死而有益阳城君，死之可矣；无益也，而绝墨者于世，不可。"孟胜曰："不然。吾于阳城君也，非师则友也，非友则臣也。不死，自今以来，求严师必不于墨者矣，求贤友必不于墨者矣，求良臣必不于墨者矣。死之，所以行墨者之义而继其业者也。我将属钜子于宋之田襄子。田襄子贤者也。何患墨者之绝世也？"徐弱曰："若夫子之言，弱请先死以除路。"还没¹头前于孟胜。因使二人传钜子于田襄子。孟胜死，弟子死之者百八十人。二人以致令于田襄子²，欲反死孟胜于荆。田襄子止之曰："孟子已传钜子于我矣。当听³。"遂反死之。墨者以为不听，钜子不察。（《吕氏春秋·上德》篇）

吴起曾经担任荆（楚）悼王的令尹（丞相），他打压国内

1　所引汉文训读文如此。"没"字高诱注本作"殁"。
2　所引汉文训读文如此。"弟子死之者百八十人。二人以致令于田襄子"，此句高诱注本作"弟子死之者百八十三人。以致令于田襄子"，且高诱注以为"以"字上当有"二人"二字。
3　所引汉文训读文如此。"当听"二字同旧本。高诱注本改作"不听"，则"不听"非田襄子之言，而是传令二人的行为。

的贵族，积极推进相关政策，以强化中央集权。然而公元前381 年，贵族们以悼王之死为契机，群起报复吴起，在悼王的遗体前杀害了他。

然而，随后即位的肃王决定，对参与杀害吴起的所有贵族施加处罚，阳城君也是其中一员，所以他逃亡出走。钜子孟胜曾经与阳城君交好，阳城君还委托他防守自己的采邑。于是，当楚王的直属军队前来入侵，要没收阳城君的采邑时，孟胜就率领墨家团体与之交战，但最终失败，未能守住城池。此时，钜子孟胜认为自己没能履行与阳城君的契约，于是为了承担责任，提出集体自杀。然而弟子徐弱进谏，认为这样做会使墨家学者灭绝，而失去了这些践行者，墨家思想也会消亡。对此，孟胜劝说道，如果现在苟且偷生，那么，即使墨家学者残存于世，墨家的信用也已经丧失，墨家今后也完全无法展开活动。而以死赎罪的行为，却能维护墨家的信用，这是让墨家事业流传后世的唯一方法。并且孟胜还坚信，墨家学者今后的活动，将由宋国的田襄子维系下去。于是徐弱放弃了自己的观点，率先自刎而死。

随后，两名墨家学者作为使者前往宋国，将钜子之位传给田襄子，剩下的墨家学者一百八十人，全都和孟胜一起自杀了。到达宋国的两名使者，则向田襄子传达了孟胜让出钜子之位的消息，随后不顾田襄子的劝阻而返回楚国，追随众人自杀而死。以上就是《《吕氏春秋·上德》篇中这一事件的概要。

此处出现的孟胜，推测应该是继墨翟、禽滑釐之后的第三代钜子。值得注意的是，墨家集团的一百八十名成员，遵从钜子的指示，毅然选择了死亡。参与防守战的全体墨家成员，都为战败负责而决定自尽，从中可见墨家始终维护诚信和理念，具有强烈的使命感。徐弱在孟胜的劝说下放弃了异议，首先自杀以为表率；而担任使者的两人完成使命后则认为，如果与此事相关的人存活下来，哪怕仅仅是少数，也会让墨家失去信用，让同伴们白白死去，因此他们也专门返回阳城自杀。无论是徐弱还是这两名使者，都展示了纯粹的忠心，一心维护墨家的理念。

接下来再看《庄子·天下》篇的记载，观察战国末期墨家学者的生存状况。《天下》篇说，"后世之墨者"信奉墨子的理念，"多以裘褐为衣，以跂蹻为服，日夜不休，以自苦为极""必自苦，以腓无胈，胫无毛"，他们衣衫褴褛，脚踩木屐，从事繁重的体力劳动，连腿上的汗毛都磨没了，他们还认为"不能如此，非禹之道也，不足谓墨"，把这种穷困的形象和繁重的劳动，看作身为墨家学者的证据，为此感到自豪。可以说，墨家学者的这种生活状态和思想意识，说明他们专注于实践墨家思想，是这种思想纯粹的信徒。

观察这两则材料，再回顾第一节论述过的《墨子》墨语诸篇的相关内容，对比之下，我们不免为两者之间巨大的差别感到惊讶。孟胜麾下的一百八十名墨家成员集体自杀，在这个事件中，已经完全看不到墨子时期的弟子形象，那些懒惰而不诚实、只重视高官厚禄的利己主义者已经无迹可寻。这种变化几乎让人怀疑，开山鼻祖墨子和第三代钜子孟胜，他们领导的还是不是同一个团体。这说明，墨家作为一个思想团体，其纯粹度有了飞跃性的提升。

与开创时期相比，墨家学者的思想意识更加激进了，这从《庄子·天下》篇中"后世之墨者"的形象可以看出来，他们安于朴素的生活，始终刻苦勤勉。此时的墨家学者完成了一个大的质变，他们的实践活动显得过激和偏执，并具有超凡脱俗的自我牺牲精神，这种质变后的鲜明特色，就镌刻在了历史的记录之中。

钜子权威的确立

在战国时期的墨家团体中，随着墨家学者思想的激进化，与墨子时代相比，钜子的权威也得到了进一步强化。根据《吕氏春秋·去私》篇的记载，秦惠王（公元前 337 年—公元前 325 年在位）统治下的繁荣时期，墨家的钜子腹䵍正在秦国，他的儿子杀了人，惠王提出为他免罪，但腹䵍拒绝了惠王，并按照"杀人者死，伤人者刑"的"墨者之法"，处死了自己的儿子。这种"墨者之法",是出于"禁杀伤人者"的"天下之大义"而制定的。由此可见,当时的墨家团体,为了实践墨家思想而制定了一些戒律,并在团体内部严格执行。

同时,这则记载也说明了墨家团体当时的状况:钜子按照"墨者之法"在团体内部执行强力的统治,钜子有权处死自己的儿子,说明他对团员有着生杀予夺的权力。

此外,《庄子·天下》篇记载了"以巨子为圣人,皆愿为之尸,冀得为其后世"的情况,这也能够证明,钜子在墨家团体的内部已经确立了绝对的权威。在墨子时期,弟子们可以当面提出质疑,墨子则苦于如何管理学派成员,这种状况与后来相比,可以说是天壤之别了。

质变的原因

那么究竟是什么原因,造成了墨家团体如此显著的质变呢?据推测,在前引的材料中,《庄子·天下》篇记载了战国后期到战国末期的情况,《吕氏春秋·去私》篇则记录了公元前4世纪后半,即战国中期发生的事件。而《吕氏春秋·上德》篇记录的则是公元前381年发生的事件。据此可以知道,墨家学派的显著质变,在第三代钜子孟胜的时期,就已经完成了。

既然如此,就只能认为这种变化发生在第二代钜子禽滑釐的时期。在"墨翟、禽滑釐闻其风而说之""墨翟、禽滑釐之意则是"（《庄子·天下》篇）的记载中，禽滑釐与墨子并提。而根据"子墨子说而召子禽子曰"（《墨子·耕柱》篇），他是弟子中唯一被称为"子禽子"的人，由此可见他是墨子特别信任的高足，在墨子死后继承领袖地位，成为第二代钜子。这位禽滑釐，据《墨子·备城门》篇以下的兵技巧篇章记载，从墨子那里学习了守城之术。而《公输》篇记载说"臣之弟子禽滑釐等三百人，已持臣守圉之器，在宋城上而待楚寇"，他还代替墨子指挥防守部队，可见他这个人倾心于训练防守部队来实践非攻活动。

禽滑釐作为防守战斗的中心人物继承了钜子之位，这种立场必然会发挥作用，加强了他对团体成员的领导力。在战时，钜子的权力比平时更加强大，他的命令对成员来说就是军令，成员要绝对服从，而且这种权威也会对学派内平时的状态产生影响。

《墨子·备梯》篇记载："禽滑釐子事子墨子三年，手足胼胝，面目黧黑，役身给使，不敢问欲。子墨子甚[1]哀之。"这符合《庄子·天下》篇所描绘的战国时期墨家学者形象，而禽滑釐正是这种形象的先驱。担任钜子后，他这种严谨的风气应该

---

[1] 所引汉文训读文如此。"甚"字旧作"其"，毕沅改为"甚"。

也强烈地渗透到了整个学派之中。

由于以上原因，加之从墨子时期就在进行的积累教化和整顿组织，到了禽滑釐的时期，终于实现了学派成员思想的纯粹化，并确立了钜子的权威。就算成员加入墨家门下的动机，依然是通过出仕为官来获取高官厚禄，可是一旦加入墨家团体，就会迅速被培养为墨家成员，这种教化制度在当时应该已经形成。凭借这种手段，墨家才能够一扫墨子时期的功利风气，获得显著的成长，成为真正的思想团体。

战线的扩大

随着学派成员的质变性强化以及钜子权威的确立，墨家的实力日益增长起来。墨语的四篇，记载了墨子时期学派弟子前往各国为官或游说的情况，此时墨家的活动范围主要以鲁国为根据地，大致在齐国、卫国、宋国、鲁阳[1]、楚国、越国等地区。其中完全不包括北方的燕国，以及西方的三晋和秦国。

然而根据战国末期的《吕氏春秋》记载，随着秦国在国际政治中的影响力逐渐增大，战国中期以来，许多墨家学者开始在秦国活动。而且，墨家学者还在北方的中山国进行游说，阻

---

1 "鲁阳"原文如此，与其他国名并列。但"鲁阳"一词在《墨子》中并未单独用作地名。在其他相关文献中，地名"鲁阳"不见于《左传》，而《国语》有"与之鲁阳"，《史记·楚世家》有"魏取我鲁阳"，《汉书·地理志》"南阳郡"下辖县有"鲁阳"，其地在今河南省鲁山县。

止其攻打燕国。此外还有记载显示，墨家学者也曾在赵国北部的代地活动。这样，墨家的战线就扩大到了整个中国，正如"杨朱、墨翟之言盈天下"（《孟子·滕文公下》篇）、"孔、墨之弟子徒属充满天下"（《吕氏春秋·有度》篇），"世之显学，儒、墨也"（《韩非子·显学》篇）的记载，显示了此时墨家活动的盛况。

分裂和消亡

在孟子看来墨家和杨朱并立，在韩非子看来墨家和儒家匹敌，可见墨家的势力在思想界已经占据了半壁江山。但随着其组织的壮大，也开始发生分裂。《庄子·天下》篇说："相里勤之弟子五侯之徒，南方之墨者苦获、已齿、邓陵子之属，俱诵《墨经》，而倍谲（彼此相反）不同。相谓别墨。"根据这一记载，当时的墨家大体上分裂为两派，一派是相里勤的弟子五侯之徒，另一派则是苦获、已齿、邓陵子等为代表的南方墨家学者。这两派势力均主张自己才是墨家正统，批判对方为"别墨"，通过"坚白同异之辩"互相攻讦，直到当时仍未分出胜负。

而且，根据《韩非子·显学》篇记载："墨子之死也，有相里氏之墨，有相夫氏之墨，有邓陵氏之墨"。墨家又增加了相夫氏这一派，当时呈现出"墨离为三"的状况。

关于墨家分裂的原因，现在已经没有材料能够说明，暂时只能认为其原因不明。如果一定要猜测其中的原因，那么很可能是各种因素彼此纠缠、共同作用的结果，包括实现墨家理念时产生了路线对立，团体内部围绕钜子之位争权夺利，以及墨家与秦国、楚国、齐国等强国发生对抗等。

然而，尽管发生了这样的分裂，直到战国时期的最后阶段，墨家作为一个整体依然和儒家并立，保持着"天下之显学"的地位，不可动摇，始终具有"弟子徒属充满天下"的巨大势力。可是，如此显赫繁荣的墨家，在秦帝国建立之后，忽然就从历史上消失了。墨家消亡得如此迅速，其原因究竟是什么呢？

其中的过程缺乏记载，相关材料不足，但是也能够推测当时的情况。公元前221年，秦帝国统一天下，随后废除了分封制，采用新的郡县制，使天下所有土地都直属于皇帝一人。然而对于这种方针，即使在秦帝国的朝廷内部也有不少抵抗势力，他们从一开始就对郡县制提出异议。于是在公元前213年，博士淳于越再次要求恢复分封制，而积极推进郡县制的丞相李斯又一次全面否定了分封制，并激烈批判恢复封建制度的人是"以古非今"之人。李斯进一步提出，为了根除这种动向，防止今后再次出现恢复旧制度的声音，要禁止民间人士藏书，应当制定"挟书律"。李斯的这一建议立刻获得了秦始皇的许可，其结果就是著名的焚书政策。

在这里，李斯描述了需要打压的对象，说他们"今诸生不师今而学古，以非当世，惑乱黔首""人善其所私学，以非上之所建立""私学而相与非法教""闻令下，则各以其学议之""率群下以造谤"（《史记·秦始皇本纪》）。据此可以知道，在秦帝国的统治之下，仍然存在着"率群下"来"非当世"的大批私学势力。

那么，在这些打压的对象中，当然也包括墨家团体。墨家思想将分封制度看作理想的世界，频繁引用《诗经》《书经》，主张效法古代圣王，这些都符合李斯批判的对象特征。

因此，在实施了"天下敢有藏《诗》《书》百家语者，悉诣守尉，杂烧之。有敢偶语《诗》《书》者，弃市。以古非今者族""令下三十日不烧，黥为城旦"（同上）这样的打压政策之后，墨家只剩下两条路可走：要么就停止一切思想活动，要么就直面死罪、灭族和强制劳动的惩罚，坚持贯彻自己的信念。在战国时期，墨家的主张就已经具有过激而偏执的特点，据此来看，墨家学者大概耻于放弃自己的思想，必然是勇敢地选择了后一条路。秦帝国建立后，墨家团体突然消失，其原因应该就在于此了。

不仅如此，由于墨家通过禅让传递钜子之位，维持着保有防守部队的稳固团体，从而在全国展开活动，这种团体性、组织性就更容易惹祸上身，结果被一网打尽，所以墨家在这次打压中，受到的损失最为惨重。墨家组织一旦被瓦解，想要再次进行思想活动，就必须要建立起拥有治外法权的团体，这种团体有武装力量，并依靠"墨者之法"来自我约束。而且墨家思想具有强烈的社会性，始终只站在全世界的视角上考虑问题，几乎无法成为个人生活的信条，所以在汉代以后，各学派纷纷改头换面以寻求复兴，只有墨家未能重生，最终成为绝学。

在汉代的众多材料中，由钜子率领的墨家团体自不必说，就连墨家学者的个人事迹也缺乏记载，连一个人都没有提及。的确，成书于汉武帝时期的《淮南子》中，有些要素可以看作是墨家思想的体现。但是这只是文献方面的继承，墨家思想在这里仅仅是一种知识。秦帝国灭亡，汉帝国建立时，曾经是"天下之显学"的墨家和一度"充满天下"的墨家学者，都已经不存于世了。这个过程，只用了不到二十年而已。

墨家团体的形象

在探讨战国时期的墨家时，笔者脑海中首先浮现出了蚁群的形象。蚁群中，蚁后处于顶点位置，工蚁和兵蚁贯彻功能本位的分工制度，每一只蚂蚁，都仿佛就是维持这一组织的功能本身，应该是完全没有个性的吧。然而蚁群作为一个团体，却有着强烈到让人恐惧的个性。

与此相同，墨家学者也是这样缺乏个性。相反在《论语》中，孔子的弟子都个性鲜明，与墨家形成对比。然而尽管如此，墨家团体由钜子率领，采取讲学、游说、劳动的分工制度，依靠"墨者之法"自我约束，并拿起武器参加战斗，这样的墨家团体，其整体形象却具有鲜明的个性，给我们留下了强烈的印象。

而且，正如"生不歌，死无服"（《庄子·天下》篇）所描写的那样，墨家学者勤勉节约，让人想到《伊索寓言》中的蚂蚁，它不顾蟋蟀欢乐的歌声，只是一味面朝大地，辛勤劳作。据说墨子面色黝黑（《墨子·贵义》篇），看来就连这一点也和蚂蚁相似。

而且，蚂蚁一旦离开蚁群，只剩单枪匹马的话，很快就会死亡。墨家学者也是一样，在有组织的团体消亡后，就无法继续生存。因此，尽管时代对墨家不利，墨家学者为了实现墨子的理念，一直坚持奋斗到了战国末期。可是，当墨家团体在秦帝国的打压下解体后，墨家学者的身影也就完全消失不见了。

的确，王充在《论衡·福虚》篇中记载，东汉时期，有个叫缠子的人学习了墨子的学说，主张兼爱、节用以及明鬼等理论，以此与儒家的董无心探讨。然而，缠子只是利用流传下来的《墨子》文本学习，不过是墨家的私淑弟子，除他以外，在东汉很难看到其他墨家学者的活动。大概，早在缠子出现的很久以前，墨家团体解体后不久，最后的墨家学者就好像失掉了巢穴、孤独饿死的蚂蚁一样，悄然逝去了。

《墨子》文本

《墨子》的结构

《墨子》的文本，根据中国最早的图书目录《汉书·艺文志·诸子略》"墨家"部分记载，共有七十一篇。然而到汉代以后，《节用下》篇，《节葬上》篇、中篇，《明鬼上》篇、中篇，《非乐中》篇、下篇，《非儒上》篇，这八篇内容已经散佚，仅存篇名。此外，以守城法部分为中心，还有十篇的内容和篇名均已散佚。因此，现在我们能够看到的文本，是从七十一篇中减去十八篇，由剩下的五十三篇构成。

接下来，按照具体内容，将《墨子》篇目分为若干类。

（一）亲士第一、修身第二、所染第三、法仪第四、七患第五、辞过第六、三辨第七

总体上看，这些篇章缺乏墨家思想的特色，以儒家为首，存在其他思想混入的迹象。有的观点根据这些情况，认为这些篇章保留了原初的形态，说明墨子最初以儒学素养为基础，逐渐构造出自己的思想。然而从内容来看，这种说法站不住脚，反而应该认为，这只是在编纂《墨子》时，将关于墨家的材料搜集起来置于篇首而已。这种现象在古代的书籍编纂中经常可

见。所以，这七篇并非研究墨家思想的核心材料，而应当作为辅助性材料来利用。

（二）尚贤上第八、尚贤中第九、尚贤下第十、尚同上第十一、尚同中第十二、尚同下第十三、兼爱上第十四、兼爱中第十五、兼爱下第十六、非攻上第十七、非攻中第十八、非攻下第十九、节用上第二十、节用中第二十一、节用下第二十二（缺）、节葬上第二十三（缺）、节葬中第二十四（缺）、节葬下第二十五、天志上第二十六、天志中第二十七、天志下第二十八、明鬼上第二十九（缺）、明鬼中第三十（缺）、明鬼下第三十一、非乐上第三十二、非乐中第三十三（缺）、非乐下第三十四（缺）、非命上第三十五、非命中第三十六、非命下第三十七

这些篇章讨论前文解说过的十论，是了解墨家思想时最重要的篇章，也是《墨子》的核心部分。十论本来各自具有上、中、下三篇，然而节用、节葬、明鬼、非乐的七篇内容已经不存。不过，其中并没有上、中、下三篇都散佚的情况，所以，基本上可以据此还原墨家思想的体系，这是很幸运的。

每一种主张为什么要分为上、中、下三篇，这是很有趣的问题。以前有观点认为，这是墨家分裂出的三派各自创作的篇章。对此，渡边卓则提出，这些篇章可能反映了其创作年代的顺序。的确，在这些上、中、下篇章之间，很难看到反映墨家

分裂的对立要素，所以应该考虑创作年代的差别。

渡边认为，十论的主张，其本身也有相当的年代差距，兼爱、非攻是初期的主张，而尚同、天志、非乐、非命则在后期，按这样的顺序产生。然而，正如前面讨论墨语诸篇时提到的，这种看法很难成立。即使各个篇章的创作年代有差别，应该认为，十论的主张本身，在墨子时期就已经完备了。

（三）非儒上第三十八（缺）、非儒下第三十九

这些篇章汇集了对儒家的各种批判。在墨语诸篇中，墨子和儒家学者的争论尚且保持着一定的节制，与之相比，这些篇章中出现了对孔子的人身攻击，对儒家的敌意显得非常激烈。孟子极力痛斥墨家，所以，这些篇章也许是为了回应这种动向而作，可能写成于战国中期以后。其中所记述的内容，虽然不能尽信，但也反映了儒家被隐藏起来的一面，颇为有趣。

（四）经上第四十、经下第四十一、经说上第四十二、经说下第四十三、大取第四十四、小取第四十五

这些篇章被称为"墨辩"，记录了逻辑学的内容，还包括一些光学和力学的思考。从唯名论[1]的角度出发，论述了对坚

1　唯名论（nominalism）和唯识论（realism）是两种对立的哲学观念，二者的分歧主要是对"概念"的性质看法不同。唯名论认为，概念是人们认识世界的手段，本身并不存在。唯实论则认为概念本身就是真实存在的。

白论和白马非马论等问题的见解，与信奉唯实论的公孙龙学派形成对立。名家的著作大多已不存，所以这些篇章是了解古代逻辑学内容的珍贵材料。然而，对这些篇章的解读也极为困难，其中有不少问题尚待进一步研究。

（五）耕柱第四十六、贵义第四十七、公孟第四十八、鲁问第四十九、公输第五十

在这些篇章中，除了《公输》篇之外，其他四篇都是墨子言行的记录，正好相当于儒家的《论语》。然而在历来的研究中，人们往往对《论语》信赖有加，相反地，却怀疑这四篇材料是后来写成的，缺乏可信度，所以并未积极加以利用。可是，如果认真考察这四篇内容的时代性和地域性，就会发现这些毫无疑问都是墨子时期的作品。前文已经介绍过，这四篇记录了弟子懒惰而不诚信的情况，以及墨子苦于应对弟子的窘境。到了战国时期，墨家的情况已经与此完全不同了。如果这部分内容是战国以后假托墨子之名的伪作，那么就应该反映那时的情况，从而塑造出充满威严的墨子和勇于献身的墨家学者形象，其内容中绝不会包含宣扬本学派那些不光彩的情况。

而最后的《公输》篇，则是一个结构完整的故事，与前面四篇的体例有别，而且其内容与守城战斗有关，可以认为它具有过渡的性质，能够与后面的守城法各篇章连接起来。

（六）□□[1]第五十一、备城门第五十二、备高临第五十三、□□第五十四、□□第五十五、备梯第五十六、□□第五十七、备水第五十八、□□第五十九、□□第六十、备突第六十一、备穴第六十二、备蚁傅第六十三、□□第六十四、□□第六十五、□□第六十六、□□第六十七、迎敌祠第六十八、旗帜第六十九、号令第七十、杂守第七十一

这部分介绍了守城的战法，包括针对各种攻城法和攻城武器的防守战术，以及防守武器的制作方法。以前有的观点认为，这些内容是与墨家思想无关的兵书，它们在汉代以后混入了《墨子》，然而事实并非如此。这些篇章其实记录了墨家在实践非攻的过程中，设计、积累的守城战法。

一九七二年，山东省临沂县[2]银雀山西汉墓出土了大量的兵书竹简。其中有数枚竹简的内容，与《墨子》的这部分篇章一致，这再次说明，这些材料在汉代以前就已经存在了。

《墨子》版本和注释

墨家思想在汉代以后的两千年间几乎成为绝学，而《墨子》文本也鲜有读者。近年，山东省银雀山和长沙马王堆的西汉墓出土了大量竹简和帛书。将这些材料与传世的《墨子》对

---

1 不知名的名字用"□□"代替。——编者注
2 今为山东省临沂市。

照后发现，竹简和帛书中当时使用的异体字，在传世本《墨子》中依然留存。由此可见，《墨子》文本在汉代以后基本未经校订和整理，当初的面貌一直保留至今。

汉代后的注本极少。晋代的隐逸者鲁胜，曾经为《墨子》中的逻辑学部分作注，著有《墨辩注》。此外唐代的乐台曾作《墨子注》一书，但如今均不存。此后过了很久，直到明代正统年间（1436—1449 年），汇集了道教全部经典编纂而成的《正统道藏》中，又收录了《墨子》。该本被称为道藏本，由于"道藏"的特点，并未广泛普及。而《墨子》广泛流传于世，则始于明代茅坤的校订本。此本传入我国[1]，以和刻本的形式流传。

然而无论如何，真正的《墨子》研究是在清朝以后。清代的考据学者一改此前的朱子学风气，不再执着于评价思想是正统还是异端。此时的学风，是广泛采用文献考据的方法，重新审视诸子文本。于是，尽管《墨子》此前一直被视为异端中的异端，此时也有卢文弨、翁方纲和孙星衍等人尝试进行文本校订；而毕沅则继承了他们的工作，从整体上校订和注释了《墨子》。这就是经训堂本《墨子》，在我国[2]也有影印流传。毕沅的校注在《墨子》研究史上具有划时代的价值，不过其内容尚

1　指日本。——编者注
2　同上。

不完善，而且仍有不少难点未能解决。补足这些缺陷的著作，就是孙诒让的《墨子间诂》。此书广泛参考了以前各家的校注，并加入了孙诒让的新见解，是一个非常详细的校注本，甚至可以说，此书出现之后，《墨子》才终于成了可读之书。所以直到现在，《墨子间诂》也是阅读《墨子》时必须参照的注本。

尽管《墨子间诂》已达到了如此水平，但也并非尽善尽美，尤其是墨辩和守城法部分，其中的不少难点尚有待解读。所以此后，依然不断有学者积极进行校订和注释。其中主要有张纯一《墨子集解》、吴毓江《墨子校注》、谭戒甫《墨辩发微》、高亨《墨经校诠》、岑仲勉《墨子城守各篇简注》等，直到现在，仍在不断增加。

思想史意义

墨家的革新性

《淮南子·要略》篇说："墨子学儒者之业，受孔子之术。以为其礼烦扰而不说（说，易也）。厚葬靡财而贫民，服伤生而害事，故背周道而用夏政。"该评价认为墨子的思想是在批判儒家的基础上形成的。然而事实上，墨子批判的不限于儒家，他并不是从反对某特定学派的狭隘立场出发来进行思想活动的。墨子从事思想活动，其动机仅仅是要拯救全天下，为此要探索出一条独特的道路。而他与儒家的对立，只不过是在这个过程中产生的一种伴随现象而已。

墨子要直接面对的敌人，是让天下之人陷入困苦的祸患，尤其是大国为了吞并小国，发动侵略战争，由此所带来的惨祸。于是墨子一方面呼吁大国停止对外战争，一方面呼吁小国完善国家制度以此自卫。其具体方针，就是富国强兵和维护国内安定。如果国贫兵弱，治安混乱，那么大国就会伺机而动，小国必然遭到侵略。

所以，尽管一方想要吞并、侵略，一方想要保全自身，两者的最终目的截然相反，但是墨子却从防守效果的立场出发，与"好攻战之君""好战之国"（《墨子·非攻下》篇）追求一样的目标，希望富国强兵，维护国内安定。尚贤、尚同、节用、节葬、非乐、非命等主张都有这样的特点，都是为这一目标服务的具体策略。基于这种情况，墨家思想就必须具有革新性，而且这种革新性，必须足以匹敌当时的"好战之国"已经具有的革新性。后者的革新性体现在国家制度方面，思想上则体现于战国时期的变法家。正是因此，墨家思想在某些方面与这些变法家有相通之处。

这种革新性在墨家的主张中有显著的体现，例如：尚贤否定血缘世袭，主张按照能力任用人才；尚同论主张将全国集结于一义之下；非命论否定宿命，强调人为努力的重要性。在墨家思想看来，世界上所有的个人、阶层、组织，全都只是一种社会功能，在春秋末期到战国初期，这种特点与儒家相比，当然具有革新性。

然而，无论革新还是保守，都只是一种相对的评价而已。随着时代的发展，曾经的地位关系也必然会发生变化。标榜革新之人不可能永远革新，这是世间常态。墨家思想在春秋末期到战国初期的确具有革新性，然而经过战国中期，到了战国后期，墨家思想已经和儒家思想一道被看作是落后于时代的保守派了。

墨家的保守性

保守的原因，第一是由于墨家始终没有人性论，因此没有从内部精神层面将天与人结合起来。子思、孟子学派以及《庄子·外杂》篇都明确指出，天命是人的内在本性，天（性）内在于人之中，以此为媒介，天与人就从内部精神层面结合起来，这种思想在战国后期十分兴盛。然而墨家完全不讨论人性，天命对人来说就永远是外在的，天从外部施加命令，人类则必须服从。在这种旧式的结构关系中，始终无法说明天与人的关系。墨家思想也从属于这种结构，所以对人类的内心缺乏分析。

第二个原因，是对天的形而上考察不足。在战国后期，不少思想试图将上天从一种实体改造为形而上的法则，这些思想在当时颇为流行。例如，有的思想将天体运行、阴阳循环、四季推移、昼夜交替等自然现象的规律性看作一种法则，称为"天地之道"或"天道"；而《老子》则主张"道"是宇宙的真相和本源；《韩非子·解老》篇则认为，这种"道"概括了万物的法则；邹衍则用天界的五德转移来说明人间的朝代更替。也就是说，同样要求人们服从上天，但当时流行于时代前沿的思想，是在天人之间引入形而上的法则。然而在墨家思想中，关于天的内容依然如故，止步于上帝这一概念，天始终直接向人下达命令，始终是一个拟人的神。而墨家坚持主张鬼神赏罚，也是这种特点的体现。

第三个原因，是因为墨家的理想世界，大致建立在周的分封制度基础上，这在前文第二节的末尾已经说明。

第四个原因，是以尚贤论为代表的贤能主义立场。在战国后期，兴起了一种新的思潮，这种思潮以申不害、慎到、韩非子以及《老子》《庄子》为代表，指出人类会受到偶然性的影响，所以个人的贤能是有限制的，应当重视超越人类主观的客观性标准，例如人为制定的法律和形名参同术，以及道或者天道。然而墨家始终坚持旧的立场，仅仅依靠个人的贤能。与儒家的社会政治思想相比，墨家的尚贤论确有进步，但是立足于战国后期的思想界来看，这种贤能主义就难免显得落后了。

第五个原因，是由于墨家极力主张节俭，一方面强调生产财富，一方面对于消费财富则采取极为消极的态度。从战国到秦汉，中国的经济总量整体上趋于扩大。而墨家则忧虑物资贫乏，贯彻勤劳节俭。尽管其中蕴含了一定的真理，但当时工商业兴旺，财富总量可观，这种主张显然不符合人们的实际感受，只能给人留下杞人忧天的印象。

由于以上这些保守性，在战国后期的思想界，"孔墨欲行大道于世而不成"（《吕氏春秋·务大》篇），"今儒墨皆称先王兼爱天下，则视民如父母。……仁之不可以为治，亦明矣"（《韩非子·五蠹》篇），"晚世之儒墨，不知天地之弘、昭旷之道"（《盐铁论·论邹》[1]篇），人们往往认为墨家思想完全有悖于时代。

异端的烙印

如前所述，到了战国后期，在居于时代前列的道家、法家、阴阳家看来，墨家和儒家一样属于保守派，通常被归为一类。而墨家与儒家的对立，也只不过是保守派内部在争夺主导权而已。然而，西汉武帝统治时期开始按照董仲舒的建议罢黜百家，独尊儒术，自此就产生了一种新的分类：儒家即正统，诸子即异端。因此，墨家和儒家又被割裂开来。不仅如此，由

---

[1] 《盐铁论》，西汉桓宽整理，记录了西汉武帝时期关于政治、经济、军事等方面的政见交锋。

于墨家在战国时期曾与儒家长期对立，此时就被看作离儒家最远的思想，是异端中的异端。

事实上，这其中大半是出于儒家的私心，认为必须要将同类的墨家彻底消灭，才能保证自己具有强烈的个性。这一时期，儒家看到了墨家与自己的相似之处，所以若无其事地吸收了墨家思想，将墨家的代表性思想如兼爱等各种要素收入囊中。所以唯有彻底地否定墨家，才能隐藏儒家的剽窃行为，独占尧舜之道。

墨家强大坚固的团体组织，反而使他们在秦朝的打压中受害最大。与之同理，在思想方面，墨家构筑了整齐有序的理论体系，却正好缺乏儒家那种暧昧敷衍——说得好听点就是变通性。在战国末期到秦以至于汉代，墨家没能在激烈的时代变迁中生存下来，这也是其中的原因之一。

重新评价墨子

墨家思想就这样被打上了异端的烙印，长期无人问津。然而到了明代末期，一股新的思潮开始反对儒教的欺骗性，这种思潮逐渐高昂，也出现了重新评价墨家的趋势。例如儒家的著名叛逆者李卓吾，就对墨子表现出同情。

接下来到了清代，如前所述，有人开始从考据学的角度重新审视《墨子》文本。而到了清末，又有人开始从其他角度看待墨家思想。

在鸦片战争战败的清廷无法抵御西方列强的入侵，接连妥协败退，逐渐沦为半殖民地。长期囿于华夏意识的中国人，也不得不承认西方各国优秀的军事力量。

不过，出于强烈的自尊心，此时的中国人依然坚持认为中国文化比西方更优秀，只想引进西方的近代武器。然而这种尝试最终也失败了。

近代武器不可能无中生有，无法脱离其背景而独立地生产。要想生产近代武器，需要积累大量的自然科学知识和科学技术，更需要有相应的社会制度、国家制度来促进科学的发展。中国人意识到这一点，不禁感到动摇、惊愕，突然丧失了自信心。中国人强烈意识到，敌我军事力量的差异，并不是细枝末节的技术问题，而是源于更本质的差异。

于是中国人开始放弃华夏意识，试图学习西方的长处。然而另一方面，在重新审视自我的过程中，强烈的民族主义再度抬头，兴起了新的思潮，认为那些所谓的西方长处，中国本来也有，只不过长期以来被自己遗忘了。在这种思潮之下，人们热衷于在中国的文化遗产中寻找和西方文化类似的要素。例如，认为尧禅让天子之位于舜，与美国的总统制度相似，这就证明，中国自古就存在非世袭的政权交替方式。

在这种趋势中，墨子的思想也被重新审视起来。当时认为，墨子主张的兼爱就是基督教的博爱主义，墨子的尚同论与卢梭的社会契约论相同，而墨辩则接近西欧文明的基础——亚里士多德的逻辑学。

此外，日本明治维新的成功，以及在甲午战争中的胜利，使得中国人在西方之外，又增加了新的目标。在此前不久，日本和中国相差无几，都是落后的国家，为什么它能够迅速强大起来，与欧美各国并列呢？对此，日本人自诩说，这是因为我们有武士道的传统。中国人由此认为，我们也应该找出和武士道类似的内容。若非如此，中国可能很难取得日本那样的成功。梁启超就是出于这样的考虑，选取了钜子孟胜率领一百八十名墨家成员集体自杀的事件，对此大书特书，不吝赞美。（《饮冰室专集·中国之武士道》）

也就是说，墨家思想与中国的传统风习不合，长期被看作异端中的异端，但其中有许多因素，在当时却是中国人迫切需要的。因此墨家思想一改异端的面貌，成了中国人找回自信的特效药。

综上所述，从清末到民国的学者们重新评价墨子，其实是为了在墨子身上寻求当时中国人的渴求之物。他们所描绘的墨子形象，正是他们所处的时代状况和他们自身危机意识的投影。所以这些都称不上是冷静而客观的墨家研究。这种特点从一开始就存在，一直持续到如今，随着时代的需要，墨子有时被看作人民阶级的旗手，有时又被看作反动势力的爪牙。

日本的墨子研究

而日本的墨子研究，也并没有资格嘲笑上面的观点。第二次世界大战之后，民主主义思潮高涨，十论中的兼爱和非攻，因为与人道主义、和平主义一致，受到很高的评价。而另一方面，尚同、天志、明鬼则被看作非民主主义和专制主义的学说，评价很低。这样的观点在学界颇为盛行。然而，墨子一个人，同时持有民主主义和专制主义的主张，这无论如何都不合理。所以不得不补充说明，墨子最初站在人民一边，而随后却叛变，投靠权力，最终堕落为反动思想。

还有一种观点，认为墨子是人民阶级的优秀思想家，而由于这种阶级性，他才会和代表权力阶级的儒家对立，这种看法简直如同儿戏。如果真是这样，那么，把儒家和墨家放在一起来批判的法家、道家和阴阳家，他们又代表什么阶级的思想呢？如果广泛地了解整个先秦思想界，就会发现这种幼稚的看法不能成立。

而在日本东洋史学研究中，往往把秦代和汉代看作性质完全相同的皇帝专制国家。在这种视角下，为了说明这种绝对皇权产生的原因，就强调墨家团体内部钜子的权力，认为这正是皇帝权力的原型。

　　总体来说，这些观点都根据自己的需要对墨子投射了过多的主观感情，却忽视了材料证据，只不过是一种独自想象出来的墨家形象。不过，墨子研究中的这些现象，也许能成为一种有趣的材料，有助于了解第二次世界大战以后的思想潮流。

　　如前所述，尽管清末以来，墨子获得了重新评价，墨家相关的研究也逐渐兴盛，但多数情况下，墨家本身成了一面镜子，其中反映出了研究者的立场。的确，所有的研究者是时代的产物，不可能逃过这一宿命。但在研究心态上，有必要摆脱这种格局，研究者本身要成为一面无色无形的镜子，从而反映出墨家的真实形象。接下来的研究，正应该进入这样一个阶段。

　　最后，本书在翻译《墨子》时，按照毕沅《经训堂本墨子》、王念孙《读书杂志》、俞樾《诸子平议》、孙诒让《墨子间诂》、吴毓江《墨子校注》等的校订和注释，或根据笔者的私见，对毕沅校订以前的旧本字句做了多处改动。其中比较重要的地方，都在字词注释中加以说明。不影响文意解释的地方，则从略不作注释。

出版后记

本书原名《墨子》，属于日本讲谈社学术文库系列，自1998年出版以来已重印近20次，一直是广受欢迎的文化读本。

作者浅野裕一是日本汉学领域的中国哲学专家，对诸子的精神有着专业的研究与著述，特别是墨子、孙子，墨家思想是他硕博士阶段主要研究对象之一。

本书摘录《墨子》原文，先给出译文，拉近读者和原典的距离，再对原文详细注释，然后进行系统、透彻、简明的解说。读者不但能领略原典之美，更能在作者解读的带领下领悟墨家思想的内核外延、发展源流，以及作者广阔视角所带来的启发。解说将墨子的时代背景、个人性格、生命故事纳入其中，内容鲜明有趣，先贤的形象也不再陌生。

《墨子》原文所采用的底本，详见第253页作者说明。为了进一步帮助读者理解，本书在编辑过程中添加了脚注，对一些人名、地名、字句等进行详细的解释说明。本书的脚注大部分为译者所加，编者所加脚注标有"编者注"字样。

《墨子读本》与《论语读本》《孟子读本》《老子读本》《庄子内篇读本》《孙子读本》组成"讲谈社·诸子的精神"系列，讲述轴心时代的诸子思想，展现中华文明的精神底色。

服务热线：133-6631-2326　188-1142-1266

读者信箱：reader@hinabook.com

后浪出版公司

2019 年 8 月

图书在版编目（CIP）数据

墨子读本 / (日)浅野裕一著；丁丁

译. —— 北京：北京联合出版公司, 2019.8（2020.12重印）

ISBN 978-7-5596-3351-4

Ⅰ.①墨… Ⅱ.①浅… ②丁… Ⅲ.①墨家—研究

Ⅳ.①B224.5

中国版本图书馆CIP数据核字(2019)第112783号

墨子读本

著　者：[日]浅野裕一

译　者：丁　丁

出品人：赵红仕

选题策划：后浪出版公司

出版统筹：吴兴元

编辑统筹：梅天明

责任编辑：张　萌

特约编辑：王　璐　王世建　欧阳潇

营销推广：ONEBOOK

装帧制造：墨白空间

- -

北京联合出版公司出版

（北京市西城区德外大街83号楼9层　100088）

北京天宇万达印刷有限公司印刷　新华书店经销

字数144千字　787毫米×1092毫米　1/32　8.25印张

2019年8月第1版　2020年12月第3次印刷

ISBN 978-7-5596-3351-4

定价：39.80元